故事里的中国历史

战国故事

林汉达 著

吉林出版集团股份有限公司

图书在版编目（CIP）数据

战国故事 / 林汉达著. -- 长春 : 吉林出版集团股份有限公司, 2023.1
（故事里的中国历史）
ISBN 978-7-5731-2662-7

Ⅰ. ①战… Ⅱ. ①林… Ⅲ. ①中国历史－战国时代－青少年读物 Ⅳ. ①K220.9
中国版本图书馆CIP数据核字（2022）第241085号

ZHANGUO GUSHI
战国故事

著　　者：林汉达　　　　绘　　图：冯　戈　高国飞
出版策划：齐　郁　　　　装帧设计：观止堂_未　氓
项目统筹：郝秋月　　　　责任编辑：孙　瑶　赵晓星
选题策划：赵晓星

出　　版：吉林出版集团股份有限公司
（长春市福祉大路5788号，邮政编码：130118）
发　　行：吉林出版集团译文图书经营有限公司
（http://shop34896900.taobao.com）
电　　话：总编办 0431-81629909　营销部 0431-81629880/81629881
印　　刷：长春新华印刷集团有限公司

开　　本：170mm×240mm　1/16
印　　张：20
字　　数：220千
印　　数：1-10000
版　　次：2023年1月第1版
印　　次：2023年1月第1次印刷
书　　号：ISBN 978-7-5731-2662-7
定　　价：39.80元

（印装错误请与承印厂联系　电话：0431-86059088）

序

我和林力平先生相识已有近三十年的时间了。他待人宽厚，处事随和，给我留下了深刻的印象。相识不久，我得知林先生的祖父就是著名的教育家、历史学家、文字学家林汉达，其家学渊源有自。如今欣闻林老长孙林力平薪火相传，爷孙共著历史故事，真是一大幸事。

记得我在很小的时候，就拜读过林老撰写的《东周列国故事新编》《前后汉故事新编》及《林汉达中国历史故事集》，虽然由于年少，尚未从事专职历史研究工作，然而从书里了解到许多历史常识，受益颇深。林老的著作深入浅出，通俗易懂，的确是非常有趣的少儿读物；而林老的大家风范，更是给我留下了深刻印象。

转眼半个世纪过去了，林老的著作在今天仍然有着广泛而深远的影响，是弘扬中华优秀传统文化极好的教材。几年来，林力平先生秉承林老的遗志，事必躬亲，继承和发扬了前辈的治学精神，将这套中国历史故事加以改写和续写，夜以继日地完成了祖父生前的遗愿，洋洋洒洒近 80 万字，堪称巨制，为广大青少年读者朋友献上了崭新的篇章，也是对林汉达老前辈最好的纪念。

作者在书中娴熟地运用通俗化的语言文字，将千古兴亡的历史故事娓娓道来。读来情趣盎然，新意迭出，颇显家学风骨。书中对主要事件梳理清晰，衔接有序；对人物描绘生动，刻画细腻。清晰明快的语言，将历史人物的心理刻画得惟妙惟肖。文中对话声情并茂，呼之欲出，与人物形象浑然一体；夹叙夹议的写作手法，犹见在理性的思辨中，以饱含人性的笔墨再现千年青史，如同一幕幕的动态影像，呈现在读者面前。

吉林出版集团在林汉达《中国历史故事集》的基础上，融入林力平先生续写的相关部分，将这部中国历史从先秦时期一直讲到清朝末年。这项举措，彰显了出版单位的睿智与魄力。我曾经自拟一副对联："千秋功过评非易；万般学问治史难。"

衷心期盼林力平先生续写完成的《故事里的中国历史》，能够让更多的青少年朋友了解祖国的历史，洞察人类社会发展的大趋势。

北京市社科院历史研究所研究员　王岗

于 2022 年 10 月 30 日

自序

爷爷林汉达生于1900年，是中国著名的教育家、历史学家、语言学家、文字学家和翻译家，曾任燕京大学教授、教务长，中华人民共和国教育部副部长。爷爷生前一直从事教育工作、通俗历史读物写作和中国文字改革工作，是语文现代化的倡导者和推动者。

从上世纪五六十年代起，他开始致力于用通俗化的现代汉语撰写中国历史故事。自20世纪60年代起，陆续出版了《东周列国故事新编》《前后汉故事新编》《三国故事新编》《中国历史故事集》《上下五千年》等版本。爷爷写的这些历史故事文风幽默，通俗易懂，囊括了从我国春秋、战国、西汉、东汉一直到三国末期上千年发生的历史故事，成为我国最早使用通俗语言，讲述真实历史故事的开山鼻祖，至今读来脍炙人口，成为千家万户书架上的必备书目。半个多世纪以来，伴随着一代代青少年的成长，深受广大读者朋友们的喜爱。

祖孙之情，不忘教诲——

我是爷爷的长孙，从小就和爷爷奶奶共同生活在北京西单辟才胡同的一所小院里。记得上小学时，我做完功课就常推开爷爷书房的门，站在他对面按着书桌，调皮地轻声念着爷爷刚写出来的每一个字。他总是从老花镜后面抬眼看我一下，接着继续写他的书。窗明几净的书房里，宁静得只有钢笔尖在稿纸上沙沙作响的声音。

记得上五年级高小毕业班时，有一次放学后，我在爷爷的书桌前站着看他写作良久，就想溜到小院里去玩儿一会儿，谁知刚一挪步，爷爷却开口了："先别走，今天帮我做点儿活儿。"我一听爷爷给我下任务，不禁兴奋起来，接着开始按照爷爷的要求，标注书中一些汉字的拼音，誊写一两页爷爷刚刚修改过的手稿，然后用普通话的发音朗读给他听。

从小学到中学，秉承爷爷的谆谆教诲，使我至今仍清晰地记得，他给我在语文学习上确定的方向，即"通俗化、口语化、规范化"。这对我一生的学习和写作影响巨大。作为爷爷身边的长孙，我比较熟悉他的行文笔触、写作风格以及采用的语言方式，并且有幸经常得到他老人家的悉心指导，受益匪浅。

记得上中学时，有一天爷爷把我拉到他身边，语重心长地对我说："我身体已经不如从前了，希望你将来能够继承我的事业，把我没有写完的历史故事续写完成。”我含着泪听完了爷爷的这番话，默默地点了点头。1972 年 7 月 26 日，爷爷不幸病逝，享年 72 岁，我那年才 18 岁。

继承发扬，薪火相传——

时隔半个世纪，爷爷的这番话时常在耳边响起，只因多年来忙于策划和主持全国艺术创作研讨会的工作，遂将续写林汉达历史故事的任务放在了心中一角。光阴荏苒，转眼到了退休年龄，强烈的使命感，促使我重温爷爷生前写下的长篇历史故事丛书。

2020 年早春时节，欣逢吉林出版集团的赵晓星老师来访，寒暄须臾，在茶香氤氲中，我们很快谈到如何续写林汉达的中国历史故事的话题。在数年之前，她曾在电话里与我谈及此事，那时我忙于工作，觉得这是一件令人憧憬而遥远的事情。如今我们越聊越觉得这件事情意义重大，而且迫在眉睫。

听晓星老师讲，她在学生时代就读过林汉达写的历史故事，从事专业出版工作后，她出版的第一套书也是中国历史故事，可见其心系国史，情有独钟。她希望我能够续写林汉达中国历史故事自三国以后的章节，直至清末。这与我素来的心愿不谋而合，我终于有了一个实现爷爷嘱托的良好契机。能够沿着爷爷的思维脉络、文风笔触，俯身在他老人家辛勤耕耘的禾田里培土育苗，去开垦新的处女地，去拓展新的历史篇章，成为我的光荣使命。

我们决定新编一套《故事里的中国历史》，包括《春秋故事》《战国故事》（改编自原中华书局出版的《东周列国故事新编》），《西汉故事》《东汉故事》（改编自原中华书局出版的《前后汉故事新编》），《三国故事》（改编自原上海少儿出版社出版的《三国故事新编》），以及由我续写的《两晋南北朝故事》《隋唐故事》《宋元故事》《明朝故事》《清朝故事》，前后相加共十册，同时出版发行，以飨读者。

由于工作量巨大，前四本交由吉林出版集团相关编辑进行改编，再交由我审校。第五本《三国故事》由我来改编。随后，我将爷爷撰写的《三国故事新编》原稿反复通读，根据历史人物的主次、事件的大小，以及对后世影响的轻重来悉心衡量比对，由此勾勒出主体框架，再精心挑选出人物与事件相对重要的部分，进行了前后文有机的联结与凝缩合并，以突出主线的叙事连贯性。

为了承前启后，方便读者阅读，按照爷爷生前的嘱托，运用通俗化的语言，在缩写与改编的过程中，我采取了三个方面的注重：

一、在尊重真实历史事件的基础上，注重对历史人物形象的描写，尤其对人物内心产生的复杂情感进行细致的分析与推敲，旨在多视角地呈现各类人物的性格特征，使特定人物的发展较为客观地走向各自不同的命运，并通过运用一些蒙太奇的时空叙事方法，以方便读者全方位地审视理解和阅读品鉴。

二、对于不同人物的形象塑造，注重设计生动的语言对话来进行描述，从而突出不同人物的性格特征和个性差异，其间力求声情并茂、呼之欲出。此外，对一些主要战役通过类似电影画面的动态描述，再现了兵戎相见的冷兵器时代各种激烈的战斗场景，旨在跃然纸上、栩栩如生。

三、运用国粹韵辙知识，注重行文的流畅性与对仗的工整性。同时，将古代官文书信中的文言词藻，运用相对通俗化的阐释，将士族与大众在语言及书信中存在的差异，通过采用不同层面的语汇来进行表达，以体现故事中特定人物的真实性。

夜以继日，事必躬亲——

缩写爷爷的原稿，是一件极具挑战性的事情。我十分慎重地对照着爷爷的原著，逐字逐句地进行通读和精选篇章，以点带面地将人物和事件进行有序串接，做到既有铺陈又有重点；对前后章节的叙述，在注重故事衔接的基础上，去枝除蔓，以突出主线。当我夜以继日地默读着爷爷的原稿，字里行间，仿佛他老人家的言谈话语、音容笑貌，仍然历历在目。

将爷爷的书稿保持通俗化的特有风格，继承和发扬老少皆宜、通俗易懂的大众化语言，使真实的故事让读者能够朗朗上口，是本书写作的宗旨。为了适应新世纪读者的阅读方式和语言习惯，酌情采用了一些新词汇和新语境的表述方法；对现今已不常用的表达方式，亦酌情做出了必要的调整。

通过三个月的努力，我将爷爷的120章、50万字的三国故事原稿，改编缩写成60章，13万字。接着进行后五册续写续编的工作，在此期间，悉数浏览、翻阅参考了各类经典史书里的记载，通过反复鉴别，仍然采用缩写林汉达《三国故事新编》的原则和方法，将艰涩、冗长而繁杂的历史事件甄选出重点，并始终遵循以略带京味儿的通俗化语言来进行表述，在避繁就简的故事叙述中，力求描述得真实准确。

为了拓展读者的视野，满足多元的阅读需求，在一些篇章里，笔者加入了一些有关文化艺术、科技方面的故事，旨在让读者了解不同历史时期科技文化的发展成果。与此同时，按照爷爷生前在语言上提倡的"三化"要求，力求做到朴实无华、通达明快。

手绘插图，相得益彰——

该套历史丛书的插图，由美术功底深厚的名家绘制，形象生动、造型准确、人物传神，惟妙惟肖地体现了书中故事的主题，以图文并茂的形式呈现在读者面前，使读者尽享绘画艺术的陶冶，领略名家插图的风采。

作者期待，明鉴国史——

通过广泛阅读史料，融会贯通，加工提炼，为此笔耕不辍，历时近三年之久。今天，这套新出版的《故事里的中国历史》丛书终于要面世了。为此，衷心感谢广大读者朋友们的殷切期待！感谢出版单位全体团队的精诚合作！感谢业界名家们的大力支持和热情的鼓励！

在此，由衷地期待广大青少年和各界朋友，能够喜欢这套真实而有趣的历史读物。其中娓娓道来的一个个小故事，如同隐藏在一个巨大的历史宝库里，等待着您来认识发掘，借此梳理千秋，在洞察历史发展的规律中，悉心品鉴那些值得回味的人和事。

林力平

2022 年 11 月 18 日　于北京

目录

目录

第一章 三家分晋

韩康子、赵襄子、魏桓子三家灭了智伯瑶，不但三家地界大了，而且因为这三家对待老百姓要比晋国的国君好些，老百姓也愿意归附。三家都想趁着这时候把晋国分了，各立各的宗庙。要是再拖下去，等到晋国出了个英明的国君，重新把国家整顿一下，到那时候，韩、赵、魏三家要安安分分地做大夫也许都保不住。可是这么大的事情也不能说成就成，总得找个恰当的时机才好干。到了公元前 438 年（周考王三年），晋哀公死了，儿子即位，就是晋幽公。韩康子、赵襄子、魏桓子他们一见新君刚即位，软弱无能，大家伙儿商定了平分晋国的办法。他们把绛州和曲沃两座城给晋幽公留着，别的地界三家平分了。这么一来，韩、赵、魏三家就称为“三晋”，各自独立。晋幽公一点势力也没有，只好在“三晋”的势力之下忍气吞声地活着。他不但不能把“三晋”当作晋国的臣下看待，而且因为害怕“三晋”，他自己反倒一家一家地去朝见他们。君臣的位分就这么颠倒过来了。

这个消息传到了齐国，齐国的田盘（田恒的儿子）也效仿“三晋”这么干了。他把齐国的大城都封给田家的人，这是吞并齐国的头一步。同时，他跟“三晋”交好，有事相帮相助。从此，齐国和晋国有什么同列国诸侯来往的事，都由田家跟韩、赵、魏三家出面办理，后来两位国君反倒没了名声，越来越没有人知道了。

公元前425年(周考王的儿子周威烈王元年),赵襄子得了重病。他自觉时日不多，就立他哥哥伯鲁的孙子为继承人。赵襄子自己有五个儿子，怎么反倒叫他的侄孙做继承人呢?

原来赵襄子毋恤是赵鞅和一个房里丫头生的，论他的身份，在那时候看来，是挺低的。可是赵鞅觉得大儿子伯鲁庸庸碌碌、没有什么能耐，才想立小儿子毋恤做继承人，又怕人家说他母亲身份太低，因此，一直犹豫着没做决定。后来他写了一篇训诫的文章，抄了同样的两份，一份给伯鲁，一份给毋恤，叫他们好好地用心念。过了些日子，赵鞅突然提问伯鲁，伯鲁一句也答不上来，那篇东西早就丢了。赵鞅提问毋恤，毋恤背得滚瓜烂熟，已经念成顺口溜了。向他要那篇文章，他立刻拿出来。赵鞅不再犹疑，立刻立毋恤为继承人。毋恤总想着哥哥伯鲁当初因为他丢了长子的名分，就打算将来立伯鲁的儿子为继承人。没想到伯鲁的儿子死了，赵襄子这才立伯鲁的孙子为赵家的继承人。

就在赵襄子死的那一年，韩康子和魏桓子也都病死了。韩虔继承韩虎的位子，赵籍继承赵浣的位子，魏斯继承魏驹的位子，齐国的田和（田盘的孙子，田恒的曾孙）继承田盘的位子。从此，韩虔、赵籍、魏斯、田和四个大夫联合到一块儿，他们打算自己做诸侯。

公元前 403 年（周威烈王二十三年），韩、赵、魏三家派使者上成周去见天王。韩家派了侠累，赵家派了公仲连，魏家派了田文一块儿去见天王，请天王把他们三家加在诸侯的名册上。威烈王就问三家的使者说："晋国的土地全都归了三家了吗？"魏家的使者田文回答说："晋国早就失了势力，内忧外患不断发生，弄得国家没有宁日。韩、赵、魏三家凭着自己的力量，把那些造反的人消灭了，把他们的土地没收了。那些土地并不是从公家手里拿过来的。"威烈王又问："三晋既然要做诸侯，何必又跟我来说呢？"赵家的使者公仲连回答说："不过他们都尊敬天王，才来禀告一声。只要天王正式封了他们，他们就能辅助天王，这多好哇！"威烈王一想，就是不认可也没用，还不如顺水推舟做个人情。他就正式封魏斯为魏侯，赵籍为赵侯，韩虔为韩侯。战国时期就从这一年（公元前 403 年）开始了。

魏侯把安邑作为都城；赵侯把中牟作为都城；韩侯把平阳作为都城。这新兴的三个国家都宣布了天王的命令，各自立了宗庙，并向列国通告。各国诸侯都来给他们贺喜。只有秦国自从和晋国绝交之后，就不跟中原诸侯来往了，中原诸侯也都把它当作戎族看待。秦国当然没派人来道喜。

晋幽公之后，到了他的孙子晋靖公，“三晋”把这个挂名的国君也废了，让他做个老百姓。从此，晋国从唐叔虞以来的统治就结束了，连晋国这个名号也不用了。

第二章 收服中山

“三晋”里头，顶强盛的要数魏国。魏文侯斯相当贤明。他知道要富国强兵，先得增加粮食生产。远在公元前412年（周威烈王十四年，就是魏斯正式封为诸侯之前九年），他就重用当时很出名的一个叫李悝的法家（法家，注重刑名法术的一派学者，为后世法律家所尊崇）（有人说就是李克），采用他的计划，兴修水利，改进耕种的方法，实行“平籴（dí，买进）法”。李悝替魏斯仔细算了算土地的产量。他拿一百里的地界估计一下，除了山地、有水的洼地还有城镇占的土地以外，能够耕种的土地只有六百万亩。耕种得好，每亩多生产三斗粮食，这是完全办得到的。耕种得不好，每亩少生产三斗粮食，这也不是什么意外的事。一百里地方的粮食多点或者少点就相差一百八十万石，全国计算起来就差得远了。再说到粮食的价钱，李悝认为：粮价太高了，不种地的老百姓就难过日子；太低了，农民受不了。应该叫粮价不高不低，每年平平稳稳。他把熟年富余的粮食由公家照平价籴进，荒年所短少的粮食由公家照平价粜（tiào，卖出）出。这么一来，不管年成好不好，也不管碰到荒年不荒年，粮价总是平稳的。这种由公家统一掌管粮食和粮价的办法，叫“平籴法”。

平籴法使商人、地主不能任意操纵粮食，多少减轻了他们对农民的剥削。粮食由官家来调剂，老百姓的生活就比以前安定得多了。

魏文侯一个劲儿地搜罗人才。当时各国的人才没有一国像魏国那么多的。可是魏文侯还想找一位有能耐的大将去收服中山（古国名，在今河北省定州市）。中山在魏国的东北边，原来由狄人占领，后来中山的狄人归附了晋国，中山就做了晋国的属国。自从三家分晋之后，中山也没向谁进贡过。魏文侯又怕韩国或是赵国把中山夺过去，再说中山国君荒淫无道，对待老百姓非常凶暴，魏文侯早就打算发兵去征伐中山。他老觉得还少个有能耐的大将。谋士翟（dí）璜（“翟”，原来和狄国的“狄”通用，翟璜以国为姓，跟后来姓翟的“翟”念zhái不同）给他推荐了一个人。这人叫乐（yuè）羊。他说：“乐羊文武全才，品行端正，道德高尚。”魏文侯说：“怎么见得？”翟璜说：“当初乐羊在道上捡了一块金子拿回家去。他的媳妇儿说：‘这块金子来历不明，你怎么就拿回来呢？’

乐羊就把那块金子搁在原来的地方。之后，他上别的国去游学。过了一年多，他从外面回来。他媳妇儿正在织帛，见他回来了，就问他：‘你的学业完成了吗？’乐羊说：‘还没呢，我挺想念你，先回来一趟。’他媳妇儿拿起剪子来，把机子上的丝线铰断了，对他说：‘这就叫半途而废！’乐羊就又出外走了，一去就是七年，直到学业有成了才回到家里。这说明他一向有志气。他现在正巧在本国。咱们国里有这样的人，为什么不用呢？”

魏文侯听了翟璜的话，就打算把乐羊请来。有人反对，说：“乐羊的儿子乐舒，如今正在中山做大官。咱们哪能叫他去打中山呢？”翟璜说：“怎么不成呢？乐羊是个挺有见识的人，他儿子曾经奉了他们国君的命令去请他，他不但没去，反倒叫他儿子离开中山，说中山的国君荒淫无道，不能跟他一块儿自找灭亡。我说，主公只要吩咐乐羊去打中山，准能成功。”魏文侯就叫翟璜去请乐羊。

过了几天，乐羊跟着翟璜来见魏文侯。魏文侯对他说：“我打算托你去征伐中山，只是你的儿子在那边，怎么办？”乐羊说：“大丈夫为国立功，哪能够为了父子的私情不顾公事呢？我要灭不了中山，情愿受您的处治！”魏文侯挺高兴，公元前408年（魏文侯十七年），就派乐羊为大将，西门豹为先锋，率领着五万人马去打中山。

中山的国君姬窟派大将鼓须去抵挡魏国的兵马，两边打了一个多月，也没见胜败。后来乐羊和他的助手西门豹拿火攻的法子把鼓须打败，一直追到中山城下。

中山的大夫公孙焦对姬窟说：“乐羊是乐舒的父亲，主公不

如叫乐舒去要求乐羊退兵。”姬窟就叫乐舒去办。乐舒推辞说：“早先我不是去请过他吗？他始终不干。如今我们父子俩为了各自的主人，他绝不能答应我。”姬窟逼着他去说。他只好上了城门楼子，请他父亲跟他相见。乐羊一见他儿子，就骂他，说：“你就知道贪图富贵，不知道进退，真是没出息的东西。赶快去告诉你的国君投降，咱们还有见面的日子。要不然，我先把你杀了。”乐舒说：“投降不投降在于国君，我不能做主。我只求父亲暂时别再攻打，让我们商量商量。”乐羊说：“这么着吧，为了父子的情义，给你一个月的期限，你们君臣早点打定主意。”乐羊就下令把中山围住，不许攻打。

姬窟满以为乐羊心疼儿子，绝不至再急着攻打。他仗着中山城结实，粮草又充足，不打算投降。一个月过去了，乐羊就准备攻城。姬窟又叫乐舒去求情，再宽限一个月。这么着，一连三回，三个月拖过去了。魏国朝廷里就有不少人议论纷纷，都说乐羊不好。魏文侯没言语，接连不断地派人去慰劳乐羊，还告诉他国君正在盖房子，预备等他得胜回朝的时候，送给他住。乐羊非常感激，可就是按兵不动。西门豹也着急了。他说：“将军还打不打算攻打中山？”乐羊说：“当然打算攻，不过咱们是为了中山国君虐待老百姓才来征伐。要是咱们性子太急，老百姓也许会说咱们同样凶暴。我两次三番地答应他们，他们两次三番地失信。为的是让老百姓知道谁是谁非。我可不是为了保全父子的情义，为的是要收服中山的民心。”西门豹听了，这才放心。

又过了一个月，中山还不投降，乐羊可就开始总攻。姬窟眼瞧着再不能支持，就把乐舒捆在城门楼子上，准备杀他。乐舒嚷着说："父亲救命！"乐羊骂他，说："你当了大官，不能劝告国君改邪归正，又没法儿守城，投降又不能投降，抵御又不能抵御，还像个吃奶的孩子哭哭啼啼的干什么？"他拿起弓箭，打算射上去。公孙焦叫人把乐舒拉下来。他对姬窟说："他父亲来打咱们，他也不能说没有罪。"姬窟就把乐舒杀了。公孙焦见乐舒死了，就想出一个主意来。他对姬窟说："人最亲的莫过于父子。咱们把乐舒的肉做成肉羹给乐羊送去。他一见儿子的肉羹，必定难受，也许难受得神魂颠倒，就没有心思再打仗了。"姬窟依了公孙焦的话，派人把乐舒的肉羹给乐羊送去，还跟他说："小将军不能退兵，我们把他杀了。做一碗肉羹送给你！"乐羊一时火儿上来了，指着瓦罐骂着说："你一心侍奉无道昏君，早就该死！"他把瓦罐狠狠地往地上一摔，对来人说："你们会做肉羹，我们的兵营里也有大锅，正候着你们的昏君哪！"乐羊好像受了伤的老虎，非把中山吞下去不可。魏兵加紧攻城，急得姬窟没有法子，只好自杀了。公孙焦开了城门。乐羊诉说他的罪恶，把他杀了。接着，他安抚了中山人，叫西门豹带着五千人留在中山，自己带着大队人马回去了。

他到了安邑城外，就瞧见魏文侯亲自在那儿等着他，并迎上去慰问他说："将军为了国家，舍了自己的儿子。这全是我的过错。"乐羊磕着头回答说："公而忘私，是做臣下的本分。"魏文侯和大臣们到了朝堂，乐羊献上中山的地图和拿回来的东西。魏文侯请他到宫里去喝酒。乐羊因为立了大功，非常得意。宴会完了，魏文侯赏了他一只箱子，箱子上下封得挺严。乐羊一看，以为不是黄金，就是白玉。他想，大概魏文侯怕别人见了引起嫉妒，才这么封着。他越想越得意，更显出骄傲的神气来了。当时就叫手下的人把箱子搬到家里去。

乐羊赶紧回到家里，打开箱子，一瞧里面的东西，愣了。原来箱子里装的全是朝廷里大臣们的奏章！他随便拿起一本奏章来瞧瞧，上头写着："乐羊连打胜仗，中山眼瞧就能攻下来了。可是为了乐舒的一句话，就不打了。父子之情，于此可见。"他又拿起一本奏章，上头写着："……主公如不叫回乐羊，恐怕后患难防。"其余的奏章人都写着："别想得到中山，怕是连五万大军也要送给敌人了""突然拜他为大将，已经错了主意""人情莫过于父子，他怎么能消灭自己的骨肉？"乐羊掉着眼泪，说："想不到朝廷中有这么些人，鸡一嘴、鸭一嘴地毁谤我！要是主公不能坚决地信任我，我哪能成功呢？"

第二天，乐羊上朝谢恩。魏文侯要封他，乐羊再三推辞，说："中山能够打下来，全是主公英明。我有什么功劳可说呢？"魏文侯说："倒也是，除了我，没有人能够这么信任你；可是除了你，没有人能够这么收服中山。你已经很辛苦了，我封你为灵寿君。"魏文侯就把灵寿（中山国的地名，在今河北省正定县北）封给乐羊，收回了他的兵权。

第三章

河伯娶妇

魏文侯想起中山离着本国太远，一定得派个亲信的人去守才放心。他封太子击为中山侯，把西门豹替换回来。

太子击到了中山，西门豹回到安邑就又闲起来了。翟璜对魏文侯说："邺城（在今河北省临漳县西）那地方正在上党（在今山西省长治市）和邯郸（战国的时候，邯郸包括今河南省北部和河北省西南部的地界）的中间，跟韩国、赵国两下里紧贴着。这块重要的地方非派西门豹去不可。"魏文侯就派西门豹去管理邺城。

西门豹到了邺城，一瞧那地方非常萧条，人口也挺稀少，好像刚打过仗、逃难的居民还没回来的一座空城似的。他就把当地的父老们召集到一块儿，问他们："这个地方怎么这么凄凉啊？老百姓一定有什么苦楚吧。"父老们回答说："可不是嘛！河伯娶媳，害得老百姓全都逃了。"西门豹一听，摸不清是怎么回事。又问："河伯是谁？他娶媳妇儿，老百姓干吗要跑哇？"父老们说："这儿有一条大河叫漳河。漳河里的水神叫河伯，他喜爱的是年轻姑娘，每年要娶个媳妇儿。这儿的人必须挑选模样好的姑娘嫁给他，他才保佑我们，让我们这儿风调雨顺，五谷丰登。要不然，河伯一不高兴，他就要兴风作浪，发大水，把这儿的庄稼全冲了，还淹死人哪。您想可怕不可怕？"西门豹说："这是谁告诉你们的？"他们说："还有谁呢？就是这儿的巫婆。她手下有好些个女徒弟，当地的乡绅又都跟她一条藤。我们这些小民没有法子，一年之中，要拿出好儿百万钱。他们为了河伯娶妇，大概也得花二三十万，其余的就全都入了他们自己的腰包了。"西门豹说："你们就这么让他们随便搜刮，不说一句话吗？"父老们说："要是单单为了这笔花费，还不太要紧。顶怕的是每年春天，我们正要耕地撒种的时候，巫婆派她手下的人挨门挨户地去看，瞧见谁家的姑娘长得好看一点，就说：'这个姑娘应当做河伯夫人。'这个姑娘就送了命了！有钱的人家可以拿出一笔钱来赎身。没有钱的人家，哭着求着，至少也得送他们一点东西。实在穷苦的人家只好把女儿交出去。每年到了河伯娶妇那一天，巫婆把选来的那个姑娘打扮成新娘子，把她放在一只苇子编成的小船上。那时候岸上还吹吹打打，挺热闹的。然后把小船搁到河里随着波浪漂去。漂了一会儿，连船带新娘子就让河伯接去了。为了这档子事，好些有女儿的人家都搬走了，城里的人就越来越少了。”西门豹说：“你们这儿老闹水灾吗？”他们说：“全仗着每年给河伯娶妇，还算没碰上过大水灾。有时候夏天缺雨，庄稼旱了倒是难免的。要是巫婆不给河伯办喜事，那么，除了旱灾，再加上水灾，那就更不得了啦！”西门豹说：“这么一说，河伯倒是挺灵的。下回他娶媳妇儿的时候，你们告诉我一声，我也替你们去祷告祷告。”

到了河伯娶媳妇的日期，西门豹带着几个武士跟着父老们去“送亲”。当地的里长和办理婚礼的人，没有一个不到的。西门豹还派人去约了些过去把女儿嫁给河伯的人家都来看看今年的婚礼。远远近近的老百姓都来看热闹。一时聚了好几千人。真是人山人海，热闹得厉害。里长带着巫婆来见西门豹。西门豹一看，原来是个三分像人、七分像鬼的老婆子。在她后头跟着二十几个女徒弟，手里拿着香炉、蝇甩什么的。西门豹说：“烦巫婆叫河伯的新媳妇儿上这儿来让我瞧瞧。”巫婆就叫她的女徒弟去把新娘子领来。只见她们领着一个十四五岁的小姑娘走了过来。她还哭着呢。苍白的脸上搽着胭脂粉，有不少已经给眼泪冲去了。西门豹对大伙儿说：“河伯夫人必须是个特别漂亮的美人儿。这个小姑娘我瞧还配不上。劳驾巫婆先去跟河伯说说：‘太守打算另外挑选一个更好看的姑娘，明天送去。’请你快去快来。我在这儿等你的回信。”说着，他叫武士们抱起那个巫婆，扑通一声，扔到河里去了。岸上的人都吓得连口大气也不敢出。那个巫婆在河里挣扎了一会儿，沉下去了。西门豹站在河岸上，静静地等着。聚在那儿的人张着嘴，顺着西门豹的眼睛向河心盯着。这许多人

都没有声音，只有河里的流水哗哗哗地响着。

待了一会儿，西门豹说："巫婆上了年纪，不中用。去了这么半天，还不回来，你们年轻的女徒弟去催她一声吧！"接着就扑通扑通两声，两个领头的女徒弟又给武士们扔到河里去了。大伙儿吓得瞪着眼、张着嘴，一会儿望望河心，一会儿望望西门豹的脸。不一会，大伙儿嘁嘁喳喳地就议论开了。又待了一会儿，西门豹说："女人不会办事，还是烦收捐钱的善士们辛苦一趟吧！"那几个经常向老百姓勒索的土豪正想逃跑，早就给武士们抓住了。他们还想挣扎一下，西门豹大声喝着说："快去，跟河伯讨个回信，赶紧回来！"武士们左推右拽（zhuài），不由分说，把他们推到水里，一个个喊了一声，眼看活不成了。旁边看着的人有的手指着河心，直骂这几个土豪。西门豹冲着大河行个礼，挺恭敬地又等了一会儿。看热闹的人当中有的害怕，有的高兴，有的直咬牙，可是谁也不愿意走开，都要看个究竟。

西门豹回头又说："这些人怎么这么没有用？我看还是烦当地的里长替大家伙儿辛苦一趟吧！"吓得那一班人的脸上连一点活人的颜色都没有了，直流冷汗，哆里哆嗦地跪在西门豹跟前，直磕响头。有的把脑门子都磕出血来了。西门豹就对他们说："什么地方没有河？什么河里没有水？水里哪有什么河伯？你们瞧见过吗？罪大恶极的巫婆，欺压良民的土豪，利用迷信，搜刮百姓的钱财，杀害他们的女儿。你们这些人，不去教导百姓也就罢了，怎么反倒兴风作浪，助长这种野蛮的风俗？你们已经害了多少女子，应不应该抵偿？"一大群年轻小伙子好像唱歌似的嚷着说："对，应该！太应该了！这批该死的坏蛋，早就该办罪了。”那些里长连连磕头，说：“都是巫婆干的勾当。我们实在是受了她的欺骗，上了她的当，并不是成心要这样干的。”西门豹说：“如今害人的巫婆已经死了。往后谁要再胡说河伯娶妇，就叫他先去跟河伯见见面！”群众都嚷着说：“对呀！把他扔到河里去！”

西门豹把巫婆跟土豪们的财产都分还给老百姓。打这儿起，河伯娶妇的迷信破除了，以前逃走了的那些人慢慢地又都回到邺城来了。

西门豹叫水工测量地势，动员魏国的百姓们开了十二道水渠，使漳河的水灌溉庄稼，把荒地变成良田，一般的水灾、旱灾可以免去。老百姓安居乐业，五谷丰登。

第四章 吴起养兵

公元前 396 年（周安王六年，周威烈王的儿子），魏文侯死了，太子击当了国君，就是魏武侯。有一天，魏武侯和吴起一同坐船在西河（河名，就是黄河，在冀州西边的一段叫西河）顺流而下。到了中流，魏武侯瞧着山水风景，挺得意地对吴起说："这山河真是美！这也是巩固魏国国防的宝贝呀！"吴起说："国家的安全在乎德行，不在乎山河的险要。如果主公不修德，船上的人都可以变成敌人。"魏武侯听了，连着说："对，对，你说得对！"

吴起做西河太守挺有名望。魏武侯这么尊重他，这回又一块儿坐船从西河回来，还加了封，就有人认为新君即位，吴起准当相国。可魏武侯另有主意，他拜商文（《史记》作“田文”，《吕氏春秋》作“商文”，为了避免跟孟尝君田文相混，这里按照《吕氏春秋》）为相国。相国商文和吴起还能相安无事，同心协力地辅助着魏武侯。赶到商文一死，新的相国一心要抓大权，净在魏武侯跟前给吴起说坏话：“吴起是个了不起的人物，就是魏国太小，他在这儿不免大材小用。和魏国贴邻的秦国多么强大啊。小小的魏国哪儿留得住他呢？”魏武侯起了疑。吴起是个精明人，他怕魏武侯害他，就想法逃到楚国去了。

楚悼王（楚惠王的曾孙，楚昭王第四代的孙子）素来知道吴起的才干，当时就拜他为相国。吴起非常感激楚悼王，尽心尽力地要给楚国做一番事业。他就提出了富国强兵的计策，对楚悼王说：“楚国有好几千里的土地，一百来万的士兵，当初也做过诸侯的盟主。到了今天，反倒不敢跟列国去争个高低，还不是因为养兵的办法不好吗？一个国家要打算把兵马训练成百战百胜的军队，就一定得把士兵的待遇提高。要提高士兵的待遇，先得整顿财务。楚国的财物并不是不丰富，也不是生产不够，毛病就在财物的分配上太不合理。富裕的人太富裕，穷苦的人太穷苦。比方说，有名无实的大官，拿钱不干事的大夫，还有那些远房的贵族，他们没有用处，干拿着国家的俸禄，尽吃尽喝，耗费国家的钱财。可是士兵们平日连自个儿的肚子还填不饱，哪儿还能够养活家小？要叫这些士兵去打仗，他们不贪生怕死那才怪呢！大王要是按照我的办法把那些没用的、多余的、挂名的官员都裁了，叫那些远房的亲族自己去耕作，国家就能省下不少的钱财和粮食。把这省下来的钱财和粮食拿出点去优待英勇的将士们，将士们的待遇就能提高很多。这么一来，要是军队再不强大的话，请把我定罪！”楚悼王觉得这倒实在是富国强兵的好法子，就完全信任他，叫他这么办去。

吴起奉了楚悼王的命令，着手编定官员的等级，定出惩罚贪污和奖赏有功人员的章程。他用很严厉的手段，把多余的和挂名的官员裁了不少。大臣的子弟不能倚仗着父兄的势力或者用点贿赂就能当官吃俸禄，功臣的子孙五辈以后不能再靠着祖宗的功劳来继承爵位。不到五辈的功臣的子孙必须按照等次减少俸禄。比方说，父亲有过功劳，儿子就是不做事，也能得到国家的俸禄；祖父有过功劳，孙子的俸禄就比较少点了；曾祖父有过功劳，曾孙的俸禄就更少了。祖宗有功，出了五辈的必须自食其力，国家不再供养他们。

经过吴起这么一改革，国家的钱财就多出来了。然后他挑选精锐的壮丁，天天加紧训练。再按照他们的才干增加粮饷。士兵的待遇比起从前来就高了好几倍。一个有能耐的小兵比远门的贵族还强呢！可是吴起自己过着挺节俭的生活。楚国的士兵没有一个不感激他的，全都愿意替国家出力。楚国的军队在很短的时期内就有了威名。在南边楚国的军队收服了百越（百越，也写作百粤，是那时候南方各种部族的总称），在西边打败了秦国。中原列国，像齐国、韩国、赵国、魏国，打这儿起谁也不敢得罪楚国了。

吴起帮着楚悼王给楚国争到了威名。可是那些裁减俸禄的贵族、大臣都说他手段太毒辣。大伙儿没有一个不把他当作眼中钉、肉中刺的，背地里咬牙切齿地咒骂着他。

公元前381年（周安王二十一年，魏武侯十五年）楚悼王死了，在宫里停着还没入殓，那些贵族、大臣一齐造起反来，一下子就把吴起围住。吴起一瞧自己脱不了身，就跑到宫里。叛党拿着弓箭追了进去，正在危急的时候，吴起歪着脖子想："大王一死，这班贵族大臣又起来。要是他们拿了权，楚国不是又要回到贫弱的老路上去吗？就拿我自己来说，就这么让他们弄死吗？将来谁替我报仇呢？"他就拿出最后的手段来，他立刻抱住楚悼王的尸首，趴在上头。一会儿乱箭射过来，连楚悼王的尸首也挨了几箭。吴起被乱箭射中，临死前挣扎着说："我死了不要紧，你们恨大王，恨得连他的尸首也伤了。你们这些大逆不道的臣下，难道就不怕王法吗？"说着，他死了。大伙儿一听这话，全都吓跑了。

楚悼王的儿子即位，就是楚肃王。他想趁着这个机会消灭那群贵族，就叫他的兄弟带领着军队捉拿叛党，惩办箭伤先王尸首的大罪。为了这档子事，有七十多家贵族都灭了门。再说楚国的改革，楚国毕竟因为改革的时间太短，新的法制还没巩固，吴起一死，他所努力做出的一些改革，因无人继承，差不多也就过去了。

第五章 霸道

这时候，有好些个小国都给大国兼并了。宋国、鲁国，虽说没被兼并，可也是默默无闻的，自己承认是弱国。越国自从勾践灭了吴国之后，慢慢地也衰败了。最后只剩下了七个势均力敌的大国，就是齐、楚、魏、赵、韩、燕、秦，也叫“战国七雄”（后来郑国给韩国灭了；卫国给魏国灭了；越、鲁归并到楚国；宋国给齐、魏、楚分了）。自从齐威王朝见天王之后，楚、魏、赵、韩、燕五国就公推齐威王为霸主。只有秦国在西方，被中原诸侯看作戎族，多少年来很少跟中原来往。秦国在政治、经济、文化各方面也确实比中原落后。又因为魏国重用了李悝、吴起等人从事改革，发展生产，很快地变成了头号强国，连着打败秦国，把秦国的河西全都拿了去。这种形势逼得秦国也不得不有所改革。到了秦献公的儿子秦孝公即位的时候（公元前361年，周显王八年），秦国已经开始强盛起来了。新君秦孝公认为秦国已经有了些力量，就打算向中原伸张势力。他下了决心，一定要把秦国治理好。他下了一道命令，说："不论本国的臣下或者外来的客人，谁要是能想出叫秦国富强起来的办法，就重用他，封给他土地。"这么一来，不少有才干的人跑到秦国找出路去了。

秦孝公这样真心实意地搜罗人才，吸引了一个卫国的贵族，叫公孙鞅，又叫卫鞅。他在年轻的时候就很佩服李悝、吴起这一派法家的学说和他们从事于改革的精神。到了壮年，他跑到魏国，曾经做过魏国相国的门客，但是没被重用。这回他到了秦国，托秦孝公的一个宠臣景监把他介绍给秦孝公。他先跟秦孝公说了一大篇道理，什么仁义道德啊，什么尧舜禹汤啊。秦孝公听了一半，连着打了几个哈欠。末了，索性打起瞌睡来了。

第二天，秦孝公埋怨景监，说："你怎么把这种迂腐的人介绍给我？说出来的全是不靠边儿的废话。"景监把这话告诉了卫鞅。卫鞅对景监说："再烦你去替我说一下，我已经知道主公的心意了。管保他能听我的主意。"景监说："眼下主公正在闹别扭，他不让你再去见他，过几天再说吧。"

过了五天，景监又请秦孝公约见卫鞅。秦孝公勉强答应了。这回卫鞅见了秦孝公就说："我上回说的是王道。主公要是不喜欢这个，我还有霸道呢。"秦孝公一听见"霸道"，就像小孩儿听说吃糖一样，高兴起来，说："倒不是我反对王道，只是为了要实行王道，一定得好好地干他一百年，至少也得几十年，才能有点成效。我哪能等得了呢？你有什么富国强兵的好办法，赶紧跟我说吧。”卫鞅说：“我的霸道当时就能叫秦国强大起来。王道在乎顺着民情，慢慢地教导人民；霸道可不能这样，有时候不能顺着他们的心意，反倒得使劲儿改变他们的习气。没有见识的男女们只是得过且过地贪图眼前的好处，看不到以后的幸福。相反地，有魄力的国君眼光远大，他的计策是要顾到将来的。一般人就是不懂得这一点。他们日子过得苦，可是已经苦惯了，叫他们改变一下，他们准会反对。实行霸道就得有决心，老百姓喜欢的事情，不一定马上就做；老百姓不喜欢的事情，要做的还得做。赶到改革有了成效，老百姓得到了好处，他们才能够欢天喜地地明白过来。”秦孝公说：“只要你有富国强兵的好计策，我就想法子叫他们服从。”卫鞅说：“要打算富，就得讲究农业；要打算强，就得奖励将士。有了重赏，老百姓就能够拼命：有了重罚，老百姓就不敢犯法；有赏有罚，朝廷才有威信，一切改革也就容易进行了。”秦孝公说：“对呀！应当这样。”卫鞅说：“不过要富国强兵，就得信任人，叫他能一心一意地去干。要是一听说有人反对就改变主意，不光是白费了劲，还叫朝廷失了威信，也许给了一些小人一个作乱的时机。主公先得下个决心，要干就得干到底！”秦孝公点头，说：“不错，要干就得干到底！”卫鞅说到这儿，就要告辞了。秦孝公说：“别忙！我正听得有劲，你怎么不往下说呢？”卫鞅也真刁，他故意让秦孝公焦急的心悬着。他说：“请主公仔细考虑三天，是打算好好干一番事业还是不干。

三天之后，我才敢详详细细地把我的计策说出来。”

秦孝公急着想知道卫鞅的下文，第二天就叫人去请他。卫鞅推辞，说：“我不是跟主公约定三天吗？我哪能不守信用呢？”秦孝公只好耐着性子，又挨了两天。他一听说富国强兵的霸道，早就急着要试试。卫鞅成心叫他盼了三天。在这三天里头，秦孝公越等越急，可也没脾气。到了约定的日子，卫鞅就把怎样改革秦国的计策说出来。君臣两个人一问一答地说得挺有劲。一连谈了三天，秦孝公不但没打哈欠，连吃饭、睡觉也都忘了。

秦国的贵族和大臣们听说秦孝公打算重用卫鞅，改变制度，要把农民和将士的地位大大提高。这不是故意打击贵族和大大小小的封建领主吗？为了自己的利益，也不能让这个外来的小子在这儿胡作妄为。他们都出来反对，弄得秦孝公左右为难。他使劲地皱着眉头，好像要把眉毛连根儿挤出去似的。他赞成卫鞅把秦国改革一番，但又怕反对的人太多，自己又刚即位，也许会闹出乱子来，因此，只好把这件事暂时搁一搁再说。过了两年多，他越想越觉得改变制度对秦国有利。有一天，他特意再叫大臣们议论变法的事。当时就有大夫甘龙和杜挚出来反对。他们反对的理由是：风俗习惯不能改，一改，大家都不方便；古代的制度必须遵守，不遵守，一定要亡国。卫鞅对他们说：“贤明的国君要改变风俗习惯，是要让人更方便。没有知识的人只顾到眼前的方便，哪儿知道他们看到的方便，在有见识的人看来，正是不方便哪！古代的制度也许正适合古人的需要，以后别的都改变了，以前的制度也就没有用了。成汤和武王改革了古代的制度，国家强大起来；

桀王和纣王并没改变夏朝和殷朝的制度，他们倒亡了国。可见不跟古人学，也能当汤、武；死守着古代的制度，也难免当桀、纣。古人有古人的制度，现在人应当有现在人的制度。要想国家强盛，就得改革制度。死守古法，难免亡国。”秦孝公说：“卫鞅的话不错！”他当时就拜卫鞅为左庶长。他对大臣们说：“打这儿往后，变法的事全由左庶长拿主意。谁违抗他，就是违抗我！”大臣们听了这道命令，脖子短了一截，脑袋缩得快跟肩膀一边平了。

第六章

变法

公元前359年（周显王十年，秦孝公三年），卫鞅初步起草了一个变法的法令，他把新法令一条一条地写出来，呈给秦孝公看。秦孝公完全同意，叫他去发布告，让全国的人都依着做去。卫鞅唯恐人家不信任，不遵守新法，就先做个准备来引起大家的注意。他在都城市场南门立了一根木头，出了个命令："谁能把这根木头扛到北门去，就赏他十两金子。"

一会儿工夫，南门口围了一大堆人，交头接耳，议论纷纷。有的说："这大概是成心跟咱们开玩笑。"有的说："这根木头，我小儿子也扛得动，哪儿用得着十两金子？"大伙儿瞧瞧木头，又瞧瞧别人，都想瞧瞧谁有这傻劲去上当。卫鞅一看净是瞧热闹的，没有一个敢扛的。他一下子就加了五倍的赏，说："谁能扛到北门去，就赏他五十两金子。"这么一来，更没有人敢碰了。

大伙儿正在出神的时候，忽然人群里站出一个人来。他是专门给人家取笑的，上了当也不知道生气，得了个"冤大头"的外号。大伙儿一见他愣头愣脑的还不知道是怎么回事，就去逗他，跟他说："喂，大头！把这根木头扛到北门去，一会儿国君就赏给你五十两金子呀！"这个冤大头乐了乐，打量着那根木头有多沉，就说："扛得动，扛得动！"他真把木头扛起来就走。大伙儿闪开一条道，好像小孩儿们看耍猴儿似的嘻嘻哈哈地跟着他，一直跟到北门。卫鞅叫人传话，对他说："你听从朝廷的命令，真是个好人。"当时就赏给他五十两金子。瞧热闹的人一见他真得了赏，一个个都愣了。他们后悔刚才没扛，错过了机会。要是明儿个再有这事，傻蛋才不扛呢！这件新闻一传出去，一时全国都知道了。人民都说："左庶长真是说到哪儿应到哪儿，他的命令就是命令。"

第二天，大伙儿要学冤大头的样儿，又跑到城门口去看木头。这回换了个新花样。木头没有了，张着一则挺大的告示。他们都不认得字，看了半天也不懂。有个小官念给他们听。念出来的东西有听得懂的，也有听不懂的。可是他们知道"左庶长的命令就是命令"，都得服从。新的命令一共有下面几条：

一、实行连坐法。每五家人家编为"一伍"，十家人家编为"一什"。一伍一什互相监视。一家有罪，其余九家应当告发。不告发的，十家连坐，受腰斩处分。告发的和杀敌人同样有功。私藏罪人的

和罪人同样有罪。每个居民必须领取凭证。没有凭证的不能来往，不能住店。

二、奖励建立军功。官职的大小和爵位的高低拿打仗立功为标准。杀一个敌人记一分功，升一级。功劳大的地位高，田宅、车马、奴婢、衣服，随地位的高低分等级使用、穿戴，没有军功的就是有钱也不得铺张。贵族的远近高低要看打仗的功劳而定。凡宗室没有军功的不得列入贵族名单。不论有道理没有道理，凡是为私事打架殴斗的按情节轻重分别处罚。

三、奖励生产。凡人民努力于“本业”（耕种和纺织，是根本的事业，叫“本业”），多生产粮食和布帛的，免除官差。凡是为了经营“末业”（做买卖挣钱是末流的勾当，叫“末业”）和因为懒惰而贫穷的，连同他的妻子、儿女一概没入官府为奴婢。谁要是把灰土扔在道上的，就把他当作懒惰的农民处理。一家之中有两个成年的儿子就应当分家，各立门户，各交各的人头税。不愿分家的，每个成人加倍付税。

新法令公布之后，国内发生了极大的变化。首先，没有军功的贵族领主失去了特权，他们即使有钱，也不过算是富户。立军功的有赏，最高的赏赐是封侯，但是封了侯也只能在自己的食邑内征收租税，不能直接管理食邑内的人民。这么一来，领主制度的秦国，从此以后变为地主制度的秦国了。这么巨大的改革不引起贵族领主的反抗才怪呢。大夫甘龙和杜挚代表了旧势力起来反对。卫鞅不愿意把他们赶尽杀绝，只把他们革了职，罚做平民。老百姓要是反对新法，除了连坐以外，还有砍头、腰斩、抽筋、凿头顶、下油锅、车马分尸等等极其残酷的刑罚对付他们。这样一来，可把人们都吓坏了，有的人在梦里还老发抖呢。

这么过了二年，老百姓开始觉得新办法倒是好——生产增加了，生活也有所改善，还可以免除官差。所以，大家宁可努力于耕种和纺织，多增加生产，谁也不愿意离开家庭、田园、妻子、儿女，被征发到远地去当差。将士们呢，因为提高了待遇，立了军功，就能升级，谁都愿意做个勇敢的战士。公元前 354 年（秦孝公八年），秦国趁着魏国正在攻打赵国的机会，发兵去打魏国。在元里（在今陕西省澄城县南）打了个胜仗，而且占领了魏国的少梁（在今陕西省韩城市南）。这是卫鞅变法以后第一个大胜仗。

接着在公元前 352 年（秦孝公十年），卫鞅由左庶长升为大良造。卫鞅趁着魏国跟别的中原诸侯打仗的机会，亲自率领着大军进攻魏国的西部，从魏国的河西一直打到河东，把魏国原来的都城安邑也打下来了。同时在北边又占领了魏国的固阳（在今内蒙古自治区包头市、固阳县一带地区）。逼得原来算是头等强国的魏国不得不在公元前 350 年（秦孝公十二年）跟秦国讲和。不过魏国还有些力量，就在头一年，中原十二个诸侯还都向魏国朝见呢。因此，在东边不受魏国威胁的条件下，秦国为了进一步变法，也愿意让些步。这么着，秦孝公和魏惠王（魏武侯击的儿子）在彤（tóng）（在现在陕西省渭南市华州区）相会，订立了盟约。秦孝公把河西大部分的地方和安邑退还给魏国。魏惠王认为秦孝公心眼好，很是感激，也不再担心西边的侵犯了。

卫鞅变法的初步计划在生产上和军事上都得到了成功。就从跟魏国和好那一年起，实行更大规模的改革。最重要的有下列几项：

一、开辟阡陌封疆。田间南北通车的道路叫“阡”，东西通车的道路叫“陌”。阡陌就是供兵车来往的田间的大路。战国时代，各国打仗都用步兵和骑兵，兵车是极少用的，因此，东方各国早已陆续把阡陌开成田地。这会儿秦国除了田间必要的道儿以外，把宽阔的阡陌一概铲平，也种上庄稼。“封疆”是封建领主作为划分疆界和防守用的大片的土堆、荒地、树林、沟池等。现在把这些土地也开垦起来，作为耕种的土地。谁开垦的荒地，归谁所有。土地可以自由买卖。重新丈量土地，按照六尺为一步，二百四十步为一亩的标准计算亩数，按照亩数交纳地租。

二、建立县的组织。除了领主贵族所占据的封邑以外，在没有建立县的地区，把市镇和乡村合并起来，组织成为大县。每县设置县令（相当于县长）和县令的助理县丞，主管全县的事。县令和县丞都由朝廷直接任命。这种由朝廷直接统治的地方组织一共建立了四十一个。

三、迁都咸阳。为了便于向东发展，把国都从原来的栎阳（在今陕西省西安市临潼区）迁移到渭河北面的咸阳。

这一次新法令出来，当然也有人反对。秦国既然实行了霸道，自然得用严厉的手段。据说有一回，在一天之内就杀了七百多人，渭河的水都变红了。

第二次的大改革已经实行了四年了，没想到太子驷犯了法，他居然也批评起新法来了。这真叫卫鞅为难。他认为这是考验法治的紧要关头。他对秦孝公说：“国家的法令必须上下一律遵守。

要是在上的人不遵守，底下的人对朝廷可就不信任了。太子犯法，他的师傅应当替他担当罪名。”秦孝公叫卫鞅瞧着办去。卫鞅就把太子的两个老师都治了罪：公子虔割了鼻子，公孙贾脸上刺了字。这样一来，其余的大臣更不敢批评新法了。一般的老百姓，尤其是自己有生产能力的人，对于卫鞅的变法，有不少人是拥护的。他们最感兴趣的有两条：一条是谁开垦的荒地，归谁所有；一条是土地可以自由买卖。由于实行了这两条，有些农民也得到了一些小块土地，主要的是：新兴的商人地主成了新的土地所有者。他们取得了土地所有权，可以向农民征收实物，从农民的剩余劳动中榨取财富，但是对农民并没有统治权。这么一来，过去封建领主的公田制转化为税亩制。这种改变在当时大大鼓励了农民的生产积极性。不到几年工夫，秦国人，每家都能自给自足，国家的粮食堆得满满的。别说没有土匪，连个小偷儿也找不出来。要是有人在半道上丢了什么，回去一找，准保还在那儿。秦国又把那些杂乱无章的尺寸、升斗、斤两，规定了一个标准，整个秦国都用统一的度、量、衡。

秦国土地广，人口不太多，邻近的“三晋”，土地少，人口密。卫鞅认为无论哪里的老百姓，要求最迫切的是田地和住宅。他就出了悬赏告示，叫邻国的农民到秦国来种地，给他们田地和住宅，为了优待外来的人，只要他们一心一意耕种和纺织，完全免服兵役（其实秦国也不放心把兵器交给外来的人）。秦人必须服兵役，但是轮流应征，兵力还是有富余。秦国变法之后，仅仅十几年工夫，就变成了挺富强的国家。周朝的天王（周显王）派使者去慰劳秦孝公，封他为“方伯”（一方诸侯的首领）。中原诸侯倒也实事求是，人家既然富强了，不能再把人家当作戎族看待，就全都去朝贺。那些存心要做霸主的诸侯眼见秦国用了一个卫鞅，变了法就变成了强国，他们也学起秦国来了，都到各处去搜罗人才。

第七章 孙膑下山

“三晋”里头要数魏国顶强。魏惠王也学秦孝公打算找个“卫鞅”。他花了好些钱招待着天下豪杰。当时有个本国人叫庞涓，他来求见魏惠王。据说他是鬼谷子的门生，跟孙膑、苏秦、张仪都是同学。这个鬼谷子是个很奇怪的人物。有人说，他是当时最有本领的人，隐居在鬼谷（山谷名，有各种传说：有的说在今河南省登封市东南；有的说在陕西省三原县西；有的说在今湖北省远安县东南；有的说在今湖南省张家界市），所以叫鬼谷子。

庞涓见了魏惠王，把他的学问和用兵的法子说了一说，魏惠王跟他说：“我们的东边有齐国，西边有秦国，南边有楚国，北边有韩国、赵国、燕国。我们的四周围都是大国，我们怎么能在列国之中站得住呢？赵国还把我们的中山占去了！”庞涓说：“大王要是让我做将军的话，我敢说，就是把他们灭了也不难，还用得着怕他们吗？”魏惠王说：“没有那么容易吧！”庞涓挺有把握地说：“要是办不到，我情愿受罚。”魏惠王挺高兴，拜他为大将，外加担任军师的职务。庞涓的儿子庞英，侄儿庞葱、庞茅，全当上了将军。这一批“庞家将”倒是个个英勇，人人卖力气，天天操练兵马，准备跟各国开战。后来就先从软弱的卫国和宋国下手，一连打了几回胜仗，吓得卫国、宋国、鲁国都去朝见魏惠王，向他低头服软。只是齐国有点倔强劲儿，不但不去朝见，反倒发兵去侵犯魏国的边境。没想到给庞家将打了回去。打这儿起，魏惠王更加信任庞涓了。

正在这时候，墨子的门生禽滑厘云游天下，到了鬼谷。他一见孙膑像伺候老师似的招待他，心里已经挺喜欢了，听了孙膑的谈论，看了他的举动，更觉得他是个人才。他就对孙膑说：“你的学问已经很有根底了，就该出去做事，不该老住在山上。”孙膑说：“我的同学庞涓，当初下山的时候跟我约定，要是他有了归宿，一定替我引荐。听说他已经到了魏国，我正等他的信哪。”禽滑厘说：“庞涓已经做了魏国的大将，他还不来叫你，不知道是什么心思。我到了那边，给你打听打听吧。”

禽滑厘到了魏国以后，魏惠王就对庞涓说：“听说将军有位同学叫孙膑，有人说他是兵法家孙武子的后代，只有他知道十三篇兵法的秘诀。将军何不把他请来呢？”庞涓回答说：“我也知道他的才干。可有一样，他是齐国人，亲戚、本家全在齐国。就算咱们请他做了将军，恐怕他也得先替齐国打算，万一他吃里爬外，怎么办呢？”魏惠王说：“这么说来，不是本国人就不能用了吗？”庞涓不好意思再反对，就说：“大王要叫他来，那我就写信去。”魏惠王派人拿了庞涓的信去请孙膑。孙膑拜别了鬼谷子，下了山，来到魏国，先见过庞涓，向他道了谢。第二天，他们一块儿去朝见魏惠王。魏惠王和孙膑谈论之后，就要拜他为副军师，跟庞涓一同执掌兵权。庞涓觉得不大妥当。他说：“孙膑是我的兄长，再说他的才能比我强。他哪能在我的手下呢？不如暂且请他做个‘客卿’，等他立了功，我就让位，自己情愿当他的助手。”魏惠王就请孙膑为客卿。拿职务来说，客卿并没有实权；按地位来说，客卿比臣下要高一等。孙膑非常感激庞涓替他这么安排。两个同学好朋友，就这么在魏国共事。

庞涓背地里对孙膑说：“你一家人都在齐国，你既然在这儿，怎么不把他们接来呢？”孙膑掉着眼泪，说：“你我虽是同学，可是你哪儿知道我家里的事啊？我四岁的时候，母亲死了，九岁的时候，父亲又死了，从小住在叔叔家里。叔叔孙乔当过齐康公的大夫，后来田太公把齐康公送到孤岛上去住，一些个旧日的大臣死的死了，杀的杀了，轰走的轰走了。我们孙家的人也就这么五零四散了。后来我叔叔带着我的叔伯哥哥孙平、孙卓连我逃到洛阳。谁知到了那边又赶上荒年，我只好给人家当使唤人。末了，我叔叔和我叔伯哥哥也不知道上哪儿去了。我就独个儿流落在外头。直到现在，我是个孤苦伶仃的光杆儿，哪儿还提得到家里人呢？”庞涓听了直叹息。

大约待了半年，有一天，有个齐国口音的人来找孙膑。孙膑问了问他的来历，他说：“我叫丁乙，一向在洛阳做买卖。令兄有一封信，托我送到鬼谷。我到了那边，听说先生已经做了大官，我才找到这儿来。”说完，拿出信来交给孙膑。孙膑一瞧，原来是他叔伯哥哥孙平和孙卓来的信。大意说他们从洛阳到了宋国，叔叔已经死了；如今齐王正在把旧日的臣下召回国去，他们准备回去；叫孙膑也回齐国去，重新创家立业，好让孙家的族人聚在一起。此外，还说了些个流落外乡、好些年没上坟的话。真是一封悲惨的家信。孙膑念完之后，哭了一场。丁乙劝了半天，又说：“你哥哥告诉我，叫我劝你快点回去，大伙儿可以骨肉团聚。”孙膑说：“我已经在这儿做了客卿，不能随便就走。”他招待了丁乙，又写了一封回信，托丁乙带回去。

没想到孙膑的回信给魏国人搜出来，交给了魏惠王。魏惠王对庞涓说：“孙膑想念本国，怎么办呢？”庞涓说：“父母之邦，谁能忘情？要是他回到齐国，当了齐国的将军，就要跟咱们争个高低。我想还是先让我去劝劝他。要是他愿意留在这儿的话，大王就重用他，加他的俸禄。万一他不干的话，那么既然是我荐举来的，大王还是交给我去办吧！”

庞涓辞了魏惠王出来，立刻去见孙膑，问他：“听说你接到一封家信，有没有这回事？”孙膑说：“有这回事，我叔伯哥哥叫我回老家去，可是我怎么能离开这儿呢？”庞涓说：“你离开家也有好些年了，怎么不向大王请一两个月的假，回去上了坟，马上回来，不是两全其美吗？”孙膑说：“我不是没想过，可是我怕大王起疑，不敢提。”庞涓说：“那怕什么？有我呢！”

孙膑听了庞涓的话，上个奏章，说是要请假回齐国上坟去。魏惠王正怕他私通齐国，如今他果然要回齐国去，可见他有心背叛魏国了。当时就生了气，骂他私通齐国，把他送到军师府审问。左右把他解到庞涓那儿去。庞涓一见孙膑受了冤屈，就安慰他，说：“大哥不要害怕，我这就给你说情去。”庞涓当时就出去了。待了一会儿，庞涓慌慌张张地回来，对孙膑说：“大王十分恼怒，非要定你死罪不可。我什么话都说到了，三番五次地求情，总算保全了你的命；可是必须在脸上刺字，再剔去膝盖骨。这是魏国的法令，我实在不能再求了。”孙膑哭着说：“虽然要受刑罚，总算免了死罪。你这么给我出力，帮我的忙，我绝不忘你的大恩。”庞涓叹了口气，吩咐刀斧手把孙膑绑上，剔去两块膝盖骨。孙膑大叫一声，昏过去了。刀斧手又在他的脸上刺了字。待了一会儿，孙膑慢慢地缓醒过来，只见庞涓愁眉苦脸地叹着气，给他上药。跟着，庞涓就叫人把他抬到自己的屋里，一天三顿饭全由庞涓供给。过了一个多月，伤口愈合了，可是他变成了一个瘸子，只能爬着走了。

孙膑已经变成了残废，天天依靠着庞涓过日子，心里老觉得对不起人家。有一天，庞涓对他说：“大哥你那祖传的十三篇兵法，能不能凭着记性写出来？不但能给我拜读拜读，还能传留后世呀。”孙膑恨不能做点事情好报答报答庞涓。那十三篇兵法，据说是鬼谷子从吴国得来传给孙膑的，孙膑早就背得滚瓜烂熟。这次庞涓一要求，他就满口答应。打这儿起，孙膑开始写他祖宗的兵书。可是那时候写一篇东西不像现在这么方便，再说孙膑心里烦得慌，天天唉声叹气，写了足有一个多月，还没写出几篇。伺候孙膑的那个老头儿叫诚儿，他见孙膑受了冤屈，倒挺可怜他的，时常劝他歇息，不要老坐着，辛辛苦苦地写那个玩意儿。

有一天，庞涓把诚儿叫去，问他："他每天写多少？"诚儿说："孙先生因为两腿不便，躺着的时候多，坐着的时候少，一天只写三五行。"庞涓一听，气可大了，骂着说："这么慢条斯理的，得要写到什么时候？你得催着他，叫他加紧点！"诚儿嘴里答应着，心里可不大明白。他想："干吗一死儿催他呢？"诚儿那傻劲叫他心里有点不踏实。可巧服侍庞涓的一个手下人来了，诚儿就问他："嘿！我跟你打听件事儿。军师干吗老催孙先生？"那个手下人说："傻瓜，你还不知道吗？军师为了要得到这部兵书，才留着他的命。赶到兵书写完，他的命也就完了。这话你可千万别跟人说！"

诚儿一听，替孙膑捏了一把汗。他就偷偷地告诉了孙膑。孙膑到了这时候，才从梦里醒过来，他想："原来庞涓是这么一个人！唉，我真瞎了眼睛，交上了这么一个人面兽心的东西！"他又想，"要是我不写，他准得要我的命。这怎么办呢？"他越想越气，越气越没有主意，急得直流眼泪，一下儿闭过气去。等到缓过气来，他瞪着两只大眼睛，连喊带叫，把屋子里的东西全扔在地下，把他写好了的兵书扔在火里烧了。吓得诚儿赶紧跑去报告庞涓，说："不好了！孙先生疯了！"

庞涓亲自来看孙膑，就瞧见他趴在地下哈哈大笑，笑完了又哭。庞涓叫了他一声，他就冲着他一个劲儿地磕头，哭着说："鬼谷老师，救命啊！救命啊！"庞涓说："你认错了，我是庞涓！"孙膑拉着庞涓的衣裳，揪着不撒手，嘴里头胡喊乱叫。庞涓怕他是装疯，就叫人把他揪到猪圈里。

打这儿起，孙膑住在猪圈里。有时候，爬到外边晒晒太阳，一到晚上，又爬到猪圈里去睡觉。庞涓叫人给他一点吃的，就让他疯疯癫癫地爬进来爬出去。他还想等孙膑好起来给他写那部兵书呢。要是孙膑到街上去，就有人跟着他。后来庞涓吩咐底下人天天把孙膑到哪儿的情形报告他。孙膑老在街上躺着，一到晚上，他就知道爬回来，有时候也在外头过夜。他变成了一个迷迷糊糊、又脏又可怜的疯子了。

第八章 马陵道上

孙膑老躺在街上。有人跟他说话他也不理。有一天，已经下半夜了，他觉得有人揪他的衣裳。那人就坐在他旁边，流着眼泪，低声地说：“孙先生，你怎么到了这步田地？我是禽滑厘，墨子的门生，你还认得我吗？我一听说你在这儿受苦，心里直难受。我已经把你的冤屈告诉了齐王。齐王派淳于髡上魏国来询问。我们都安排妥当了，想把你偷偷地带回齐国去，给你报仇。”孙膑一听禽滑厘来了，眼泪好像雨点似的掉下来，对他说：“我自以为早晚死在这儿了，没想到今天还能够见着你。你们可得小心，庞涓天天派人看着我。”禽滑厘给孙膑换上衣裳，抱他上了车，那套脏衣裳叫一个手下的人穿上。他假装孙膑，披头散发的，两只手捧着脑袋躺在那儿。

第二天，魏惠王招待了齐国的使臣淳于髡，送他一点礼物，叫庞涓护送他出境。那天庞涓已经得到了地面上的人报告，说孙膑还在街上躺着，他挺放心地送着齐国的使臣。淳于髡叫禽滑厘的车马先走，自己和庞涓聊了一会儿天，然后从从容容地辞别了庞涓，动身走了。

过了两天，那个手下的人脱去孙膑的衣裳，偷着跑回去了。那天，地面上的人一见那套脏衣裳扔在那儿，孙膑却不见了，赶紧去报告庞涓。庞涓一想，大概是跳井了吧，叫人四下里打捞尸首。可是哪儿有孙膑的影儿？他又怕魏惠王查问，就撒个谎，说孙膑淹死了。

那边淳于髡、禽滑厘他们带着孙膑到了齐国，大夫田忌亲自到城外去接他。孙膑洗个澡，换了衣裳，坐着软轱辘车，跟着田忌去见齐威王。齐威王跟他一谈论兵法，真是遗憾没早点见面。齐威王就要封他官职。孙膑推辞着说："我一点功劳都没有，哪能受封呢？再说，庞涓要是知道我在本国，准得又嫉妒得想法儿要灭掉我。不如我不露面，等大王有用着我的地方，我一定尽力。"齐威王就让孙膑住在田忌家里。孙膑想去谢谢禽滑厘，没想到他早走了。

孙膑派人去打听叔伯哥哥孙平和孙卓的消息，但到哪儿去找这两人？他这才知道齐国来的那个送信的人，原来是庞涓派人装的。根本没有什么家信和上坟的事。这全是庞涓使的鬼主意。

齐威王喜欢赛车跑马，老跟宗族里的公子们比赛，还赌挺大的输赢。田忌有几匹好马，可是他的车马跟齐威王的车马比着跑，不是差了几尺，就是差了几丈。一场、两场、三场都是这么样。他老不敢多下注。孙膑看了一回之后，就对田忌说："下回比赛的时候，我包你赢，只管多下点注。"田忌不知道怎么赢法，可是他挺相信孙膑。到了比赛的时候，他对齐威王说："每回赛马，老是我输。这回我要好好地跟大王赌个输赢。每场下注一千两金子，三场三千两，行不行？"齐威王笑着答应了他。到了比赛的那天，齐威王的赶车驾着四匹马出来。孙膑就叫田忌的赶车出去比赛。头一场跑下来，田忌的车马和齐威王的车马差得很远。田忌输了一千两金子。齐威王哈哈大笑。田忌说："还有两场呢！"接着第二场跑下来，田忌赢了。第三场，齐威王又输了。末了，田忌还赢了一千两金子。齐威王真有点不明白怎么会连输两场。田忌就禀告说："今天我赢了，并不是我的马好，这全是孙先生的计策好。"齐威王说："这还有什么计策吗？"田忌说："孙先生让我先把三等马跟大王的头等马比赛，头一场我当然输了。可是第二场，我的头等马跟大王的二等马比，第三场我的二等马跟大王的三等马比，这后两场我就全赢了。"齐威王赞叹着说："从这种小事上就能看出孙先生的才能来了。"打这儿起，齐威王更加尊敬孙膑。

公元前353年（周显王十六年，魏惠王十七年，齐威王二十六年，秦孝公九年），魏惠王派庞涓进攻赵国，围住了邯郸。赵国的国君赵成侯派使者上齐国去求救，情愿把中山送给齐国作为谢礼。齐威王知道孙膑的才能，要派他为大将去救赵国。孙膑推辞说："不行，我是个带残疾的罪人，当了大将给敌人笑话。大王还是请田大夫为大将吧。”齐威王同意孙膑的话，拜田忌为大将，孙膑为军师，发兵去救赵国。孙膑对田忌说：“眼下魏国的兵马已经把邯郸围上了，赵国的将士又不是庞涓的对手，咱们去救邯郸已经晚了。咱们不如在半道上等着，就说去打襄陵（魏国地名，在今河南省睢县西）。庞涓听到，准得往回跑。咱们迎头痛揍他一顿，准能把他打败。”田忌就按照他的计策去布置。

果然，邯郸敌不过庞涓，投降了。庞涓派人去报告魏惠王。忽然听说齐国派田忌去打襄陵，他着急起来，立刻吩咐退兵。刚退到桂陵（在今山东省菏泽市东北，一说在今河南省长垣市西）地界，正碰上齐国埋伏的兵马。两下里一开战，魏国就败了。庞涓正在心慌意乱的时候，忽然瞧见一面大旗，上面有个“孙”字！吓得他差点从马上摔下来。幸亏庞英、庞葱两路兵马赶到，总算把他救了。庞涓逃了活命，可是损失了两万多士兵。齐国人大胜而归。

齐威王重用田忌和孙膑，把齐国的兵权交给他们。有人在齐威王跟前说田忌的坏话，说他权力太大，也许自己要做王了。齐威王起了疑，天天派人暗中察看田忌的行动。田忌就告了病假，把兵权交了出去。孙膑也辞了军师的职位。

庞涓听见了这个消息，又抖起精神来了，他说：“如今我可以横行天下了。”那时候，韩国早把郑国灭了（公元前 375 年），势力大了起来。赵国要报邯郸的仇，就跟韩国商量一块儿去打魏国。韩国答应了。庞涓得到了这个消息，就请魏惠王先发兵去打韩国。

魏惠王仍旧叫庞涓为大将，把全国大部分的兵马都调出去打韩国。

这时候，齐威王知道了田忌的委屈，又把他和孙膑重用起来。庞涓可并不知道这事。他带领着兵马去攻打韩国，打了几回胜仗，眼瞧着要打到韩国的都城来了。韩国接连不断地向齐国求救。公元前 343 年（周显王二十六年），齐威王派田忌为大将，田婴为副将，孙膑为军师，发兵去救韩国。孙膑又使出他的老办法来了，他不去救韩国，直接去打魏国。

庞涓得到了本国告急的信儿，立刻退兵赶回去。等到庞涓的大队到了魏国的边境，齐国的兵马已经过去了。庞涓一察看齐国军队扎过营的地方，发现了齐国的营盘占了挺大的地界，叫人数了数地下做饭的炉灶，足够供十万人吃饭用的。庞涓吓得说不出话来。他想："齐国有这么些兵马进了魏国的本土，怎么能把他们打出去呢？"第二天，他们又到了齐国军队第二回扎过营的地方，又数了数炉灶，只有够供给五万来人用的了。第三天，他们追到了齐国军队第三回扎过营的地方，数数炉灶，算出大约也就剩了两三万人了。庞涓这才放了心，笑着说："还好，还好！齐国人都是胆小的。十万大军到了魏国，才三天工夫，就逃了一大半。田忌呀田忌！这回是你自个儿来送死。上回桂陵的仇，我这回可以报了。"他就吩咐大军整天整夜地按照齐国军队走的路线追上去。

他们这一追，一直追到马陵（在今河北省大名县东南），正是天快黑的时候。马陵道是在两座山的中间，山道旁边就是山涧，有点像当初孟明视全军覆没的崤山。这时候正是十月底，晚上没有月亮。庞涓恨不能一步追上齐国的军队。虽说是山道，反正是本国的地界，就吩咐大军顶着星星接着往前赶。忽然前面的士兵回来报告说：“前头山道给木头堵住了。”庞涓骂着说：“这也值得鸡猫子喊叫的吗？齐国人怕咱们今儿晚上追过去，就堵住了道儿。大伙儿一齐下手搬开木头不就结了嘛。”庞涓亲自指挥着士兵，就见道旁边的树全砍倒了，只留着一棵最大的没砍。他奇怪为什么单单留着这一棵呢，细细一瞧，那棵树的一面被刮去了树皮，露着一条又光又白的树瓤来，上头影影绰绰的，好像写着几个字，就是瞧不清楚。庞涓就叫小兵拿火来照。有几个小兵点起火把来。庞涓在火光之下，看得非常清楚，上面写的是：“庞涓死此树下。”庞涓心里一惊，说：“哎呀！上了瘸子的当了！”回头对将士们说：“快退！快……”第二个“退”字还没说出，也不知道有多少支箭，就像下大雨似的冲他身上射来。庞涓自然就没了命。原来孙膑成心天天减少炉灶的数目，引诱庞涓追上来，早就算准庞涓到这儿的时辰，他在左右埋伏着五百名弓箭手，吩咐他们，说：“一见树下起了火光，就一齐放箭。”

一会儿，山前山后，山左山右，全是齐国的士兵，把魏国的兵马杀得连山道都变成了血河。直打到东方发白，才安静下来。魏国的士兵不是投降，就是跑了，那些没投降、没跑了的全都躺在地上，再也起不来了。齐国的军队带着俘虏和好些战利品从原道回去。走了一程，碰见了魏国后队的兵马，领队的大将正是庞涓的侄儿庞葱。孙膑叫人挑着庞涓的脑袋给他瞧。庞葱只好跪下哀求饶命。孙膑对他说：“我给你一条活路，赶紧回去，叫魏王上表朝贡，要不然，魏国的宗庙也保不住啦！”庞葱连连磕头，

龐涓死此樹下

抱着脑袋逃回去了。

魏惠王打了败仗，只好派使臣向齐国朝贡。韩国和赵国的国君更加感激齐国，都去朝贺。齐国的威名打这儿就大了起来。相国邹忌告了病假，交出了相印。齐威王就拜田忌为相国，还要加封孙膑。孙膑不愿受封，亲手把兵法十三篇写出来，献给齐威王，辞了官职，隐居起来了。

第九章 迁都大梁

孙膑打败魏国的消息传到了秦国，卫鞅趁势对秦孝公说：“魏国是秦国的近邻，随时都能够向咱们进攻。当初魏国重用庞涓的时候，我老怕他来打咱们。如今魏国打了败仗，中原诸侯都不跟他来往了，咱们应该趁这时候去进攻魏国，魏国准保抵抗不了。这么一来，咱们再往东去，一个一个地把中原诸侯都收过来，您不就当上全中国的霸主了吗？”秦孝公就叫卫鞅带领着五万大军，从咸阳往东打出来。

秦国的大军到了西河，西河太守接连不断地派人向魏惠王请求救兵。魏惠王召集大臣们，叫他们出个主意。大夫公子卬(áng)对魏惠王说:“我跟卫鞅有点交情，让我带着兵马先去对付他。要是他能讲和，那是再好没有了。要是他不答应的话，我就先守住城，再派人上韩国和赵国去借兵。”大伙儿全都同意这么办。魏惠王就拜公子卬为大将，带领五万大军去救西河。公子卬先把军队驻扎在吴城（吴起做西河太守的时候为了防备秦国所造的城池）。

公子卬正要给卫鞅写信请他退兵的时候，把守城门的士兵进来报告说："秦国派使者送信来了，还在城外等着呢。”公子卬吩咐手下的人把那个送信的拿绳子吊到城头上来。公子卬拿到了信，一瞧，原来是卫鞅写来的。大意说："我跟公子好像亲兄弟一样，哪能彼此攻打呢？可是国君给我下了命令，我总得有个交代。我想最好咱们说好了，两边都退兵。要是公子愿意，请到玉泉山来订盟约。这么着，一来可以叫两国的老百姓不受战争的痛苦，二来还可以保全咱们朋友的交情。要是您答应，请给我个日期，我好立刻退兵。”公子卬挺高兴，当时就写了回信，约他第三天相会。

第三天，卫鞅一面吩咐后队人马先退下去，留下前队的兵马到左近的山上去打猎，一面又派人拿了好些麝香送给公子卬。这麝香是秦国出产的，能止痛，能避臭味，算是顶名贵的特产。公子卬收到了礼物，更加感激卫鞅的情义。他还不大放心，偷偷地派人去探听秦国军队的动静。果然，秦国的军队已经撤退了，卫鞅只带着三百名卫兵在玉泉山等着公子卬。

到了第三天，公子卬也带了二三百名士兵预备了一些酒食坐着车马上玉泉山去了。他们到了山下，卫鞅早已在那儿等着了，就把他们迎到会场里。公子卬一见卫鞅，非常喜欢。他想："只要拿出真诚的心来，大伙儿商量，什么纷争都能够免除，何必动

刀动枪的，伤了和气呢？”他是东道主，当时就摆上酒席，先敬卫鞅三杯。卫鞅叫两个手下的人回敬公子卬。那两个手下的人，一个叫乌获，一个叫任鄙，是秦国最出名的勇士。他们正在敬酒的时候，忽然听见咚咚的鼓声好像打雷似的响得山都震动了。公子卬吓得要死，问卫鞅：“怎么打起鼓来了？难道您骗了我吗？”卫鞅笑着说：“不敢！就这一回，请别见怪。”公子卬一见不对头，就想跑，早给乌获拿住了。任鄙指挥着左右把魏国的随从也全拿住。卫鞅吩咐将士们把公子卬押上了囚车，先送到秦国去，然后把魏国的随从放了，请他们喝酒，又叫他们好好地跟着乌获和任鄙上吴城去，大伙儿都有赏，要不然就得把脑袋留下。到了这步田地，他们就只好缩着脖子跟着人家走。

乌获打扮成公子卬的模样坐在车上。任鄙打扮成公子卬的底下人。他们到了吴城，叫魏国的士兵先去叫门。城上的士兵一见是自家人，开了城门，让“公子卬”进去。乌获和任鄙一进了城，杀散了守城的士兵。随后，卫鞅带着大队人马进了吴城，乱杀一阵。魏国人一听说大将当了俘虏，哪儿还敢抵抗。他们扔了吴城，照直往东逃跑。吓得魏惠王没有主意了，只好派使者上秦国兵营里去求和。他狠着心把西河的土地献给秦国，讲和了事。

西河是秦国的了。这样一来，安邑这地方就离秦国太近了，只好迁都到大梁（就是今河南省开封市），所以魏国也叫梁国，魏惠王也叫梁惠王。

第十章 五牛分尸

秦孝公一见卫鞅得了西河，打了个大胜仗，就封他为侯，把商於（在今河南省淅川县西）一带十五座城封给他，称他为商君。卫鞅就叫商鞅了。

商鞅谢恩回来，非常得意。家臣们和亲友们都向他庆贺。有的说，秦国能够这么富强，全是他的功劳；有的说，他是从古以来最出名的改革家；有的说，他改变了土地制度，真了不起；有的说，他压住了贵族，实行连坐法，哪一件不是大事情。大伙儿你一言、我一语，说得商鞅心里挺舒服。他挺自傲地问他们："我比五羊皮大夫怎么样？"大伙儿都奉承着他，说："他哪儿比得上您啊！"内中有位门客，叫赵良，听了这些话，实在忍不住了，大声地说："你们都在商君门下吃饭，怎么不替他担点心事，反倒胡说八道，一味地奉承他！”大伙儿听了，不敢出声。商鞅有点不高兴，发光的脸上浮上一层怒气，问他：“先生有什么话要说？”赵良说：“您要知道一千个人瞎称赞，不如一个人说真话。要是您不见怪的话，我就说给您听听。”商鞅挺会笼络门客，立刻改了样儿，挺恭敬地说：“俗语说，‘良药苦口’，请先生指教。”

赵良一想，要说就说个透，要骂就骂个够。他挺郑重地对商鞅说：“您说起五羊皮大夫，我就把他跟您来比一下吧。百里奚在楚国给人看牛，秦穆公知道了，想尽法子，请他来当相国。您呢？屡次三番地托个小人景监给您介绍。百里奚得到了秦穆公的信任，就推荐蹇叔，自己情愿当他的助手。您呢？独自掌着大权，也不想想办法推荐别人。百里奚当了六七年相国，一连三次平定晋国的内乱，中原诸侯个个佩服，西方的小国都来归附。您呢？冤了朋友，夺了西河，只讲武力，不顾信义，谁还能诚心诚意地相信您？百里奚处处替老百姓着想，减轻兵役，不乱用刑罚，叫老百姓能够安居乐业。您呢？把老百姓当作奴隶，拿最严厉的刑罚管理老百姓。百里奚自己平素的生活非常俭朴，出去的时候不用车马，夏天在太阳底下走，也不打伞。您呢？每逢出去的时候，车马几十辆，卫兵一大队，前呼后拥，吓得老百姓来不及躲。百里奚一死，全国男男女女痛哭流涕，好像死了自己的父亲。您呢？把太子的师傅公子虔割了鼻子，把太师公孙贾脸上刺了字，一天之中杀了七百多人，连渭河的水都变红了。上上下下，哪一个不恨您，说句不中听的话，他们恨不得您早点死呢。别人一味地奉承，我可真替您担心哪。”

商鞅听了这番话，一声没言语，跟着叹了口气，说：“我这么为秦国尽心竭力地打算，怎么反倒叫人家都怨恨起来？这是什么道理？”赵良说：“我知道您替老百姓打算，可是您的办法很不妥当。您有两个最大的毛病：第一，您光是说服了国君，得到他一个人的信任，可是没有别的人来帮助您；第二，您只管替老百姓打算，不管人家愿意不愿意，就推行新法，可不许老百姓替自己打算。老百姓就算得到了好处，他们不但不感激您，还都怨恨您。您自以为事事都替老百姓着想，其实，您的心目中连一个小民也没有。”商鞅插嘴说：“他们知道什么？”赵良说：“您以为用不着听从老百姓的意见。老实说吧，自古以来，没有一个国君或是一个大臣单凭着自己的威力，违反老百姓的意志，能够成功的。俗语说，‘顺天者昌，逆天者亡’。这句话一点也不错。违反了老百姓的意志，就是违反天意。违反了天意，没有不失败的。‘天’是什么啊？天没有耳朵，它凭着老百姓的耳朵来听；天没有眼睛，它凭着老百姓的眼睛来看。我看着上上下下的人都怨恨您，就知道天也怨恨您。为这个，我非常替您担心。为什么您还不快点推荐别人来代替您呢？要是您现在能够立刻回头，安分守己地去种地，也许能够保全您自己。”商鞅听了赵良这些话，心里头闷闷不乐。可是他哪儿舍得把大权交给别人？种地也得有福分哪！

公元前 338 年（周显王三十一年，秦孝公二十四年），秦孝公得了重病。他想把君位传给商鞅，商鞅怎么也不肯接受。秦孝公一死，太子驷即位，就是秦惠文王。他做太子的时候，为了反对新法，给商鞅定了罪，割去了公子虔的鼻子，又把公孙贾脸上刺了字。如今太子当上了国君，公子虔和公孙贾他们就得了势。这一帮人都是商鞅的冤家对头。以前的仇恨可得清算一下。秦惠文王就加了个谋叛的罪名，下令逮捕商鞅。

商鞅打扮成个老百姓，打算跑到别国去。他到了函关（在今河南省灵宝市南），天黑下来了，只好上一家客店去住。客店掌柜的要检查凭证，商鞅可交不出来。掌柜的说："你这位客人真不明白。商君下过命令，不准我们收留没有凭证的人。我要是收留你，我的脑袋可就保不住了。"商鞅一听，这可真是"哑巴吃黄连——有苦说不出"。

当天晚上，他不能住店，可他却混出了函关，连夜逃到魏国。魏惠王恨他当初欺骗了公子卬，夺去了西河，正想拿他，好报当年的仇。商鞅这才觉得这么大的天下，容不下他这么一个人。他又跑回商於。秦惠文王立刻发兵围住商於，把商鞅活活地逮住，拿最残酷的刑罚把他弄死。有的说，他的身子是叫车马撕开的，这就叫"五牛分尸"。商鞅自己被处死了不算，全家还被灭了门。

秦国杀了商鞅，可并没改变商鞅的法令。商鞅所制定的新的土地所有制，不但在秦国得到了巩固，而且在别的国家也有这么做的。各国都有新兴的商人地主，他们要把封建领主土地公田制改变为税亩制。六国的旧领主还想保持他们原来的割据统治，新兴的土地所有者要求有个符合于他们利益的统一的政权。这种新旧土地所有者的矛盾形成了当时最突出的两派对立的政治斗争。列国分成了两派，不管使用什么名义，也不管其中发生了多少错

栈

综复杂的事件，新的土地所有者主张亲秦，展开“连横”运动，旧领主和他们的追随者主张抗秦，展开反连横的“合纵”运动。有时候亲秦派得势，有时候抗秦派抬头。就在这种时势下出来了两个能说会道的政客。一个主张“合纵”，认为中原诸侯应当联合起来一齐抵抗西方的秦国，造成南北联合的局面。从地理上看，南北合成一条直线，所以叫“合纵”。一个主张“连横”，认为中原诸侯应当跟秦国亲善，造成东西联盟的局面。从地理上看，连成一条横线，所以叫“连横”。从这儿起，合纵啊，连横啊，闹得天下鸡犬不宁。

第十一章 合纵抗秦

那个凭着“合纵”出名的人叫苏秦。他是洛阳人，本来是个政客，没有一定的主张。合纵也好，连横也好，他只打算凭着能说会道的嘴，弄到一官半职就行，不论哪个君王都可以做他的主子。他想先去见周显王，可是没人愿意给他在天王跟前推荐，他就改变了主意，上秦国去。他见了秦王就说连横怎么怎么好，秦国怎么怎么强大，劝秦王一步一步地兼并六国。哪儿知道秦惠文王自从杀了商鞅之后，就不怎么喜欢外来的客人。他听完了苏秦的话，挺客气地回绝他，说：“我的翅膀还没长得那么硬，哪能飞得高呢？先生的话挺有道理。可是我先得准备几年，等到翅膀硬了，再请教先生。”苏秦碰了个软钉子，只好走了。

他可并没死心，还想着叫秦王用他。他费了好久工夫，写了一部书，详详细细地说明怎么样才能够兼并列国。他把这部书献给秦惠文王。秦惠文王潦潦草草地看了看，就搁在一边。苏秦只好耐着性子等。他在秦国住了一年多，家里带来的盘缠都花光了，身上的衣裳也破了，他只好像败家子儿似的回家去了。

苏秦回到家里，他妈一见他这个样儿，就骂他，说："咱们这儿周人一向不爱做官。人家专心做工商，也能赚十分之二的利息，日子过得挺好的。当初我叫你好好地做做买卖，赚个二分利，可是你偏不听我的话，要去做官。花了这么些盘缠，如今怎么样？弄得人不像人、鬼不像鬼地回来！"苏秦没有话可说，一回头瞧见他媳妇儿坐在织布机前织着帛，连头也不抬，好像没听见他说话似的。他嫂子也在屋里，他只好跟她说："嫂子，我饿了，给我弄点什么吃的。"他嫂子翻着白眼，说："没有柴火！"一转身躲开了。苏秦忍不住了，赶紧回过头去掉了几滴眼泪。

当天晚上，苏秦叹息着说："一个人到了穷困的时候，母亲不把他当儿子，媳妇儿不把他当丈夫，嫂子更不必说了。唉！我苏秦这回非要争口气不可！"打这儿起，苏秦天天研究兵书。有时候，念书念累了，正想要歇息一下，就好像听见有个声音说："没有柴火！"他立刻清醒了，抖擞精神接着念下去。有一回，实在累得受不了啦，心里头还想念，可是眼皮粘到一块儿，怎么也睁不开。他气急了，拿起锥子扎了大腿一下，鲜血就流出来了。这一下子，精神可来了，接着又念下去。他就这么苦苦地用功，费了一年多工夫。另外，他还仔细研究了各国的地形、政治的情况，兵马的多少，诸侯的秉性等等。

他跟他兄弟苏代、苏厉商量，说："我的学业已经成功了。要是你们能给我凑点盘缠，能叫我周游天下，等到我出头了，我准想法子推荐你们。"说着，他把《太公兵法》和中原列国的情形讲给他们听。他们被他说服了，不光拿出金子来送他动身，他们也琢磨起苏秦的那套学问来了。

苏秦一想："七国之中，秦国最强，可是秦王不能用我。我不如到六国都去走走，把六国的国君说活了心，叫他们联合起来去抵抗秦国。"他先到了赵国。赵肃侯（赵成侯的儿子）正用了他的兄弟为相国，称为奉阳君。苏秦先去结交奉阳君，向他说了一篇抗秦的道理。哪儿知道这头一炮就没打响。他只好离开赵国，到燕国去求见燕文公。燕文公的底下人不给他通报，他在客店里住了一年多，盘缠花完了。饿着肚子，正在没有法子的当儿，店里掌柜的瞧他可怜，借给他一百个小钱，才凑合着又过了几天。

有一天，燕文公出来，苏秦就趴在路上求见。燕文公问了他的名字，才知道他就是当初见过秦王的苏秦，就把他带到宫里去。苏秦对燕文公说："燕国在列国当中，虽说有两千里土地，几十万士兵，六百辆兵车，六千多骑兵，要是跟西边的赵国、南边的齐国一比，可就显出力量不够来了。近几年来，赵国强大了，齐国强大了。可是强大的国家老打仗，弱小的燕国反倒太平无事。大王您知道这里头的缘故吗？"燕文公说："不知道。"苏秦说："燕国没受到秦国的侵略，是因为有赵国挡住秦国。秦国离着燕国远，就是要来侵犯的话，一定得路过赵国。因此，秦国绝不能越过赵国来侵犯燕国的。可是赵国要来打燕国，那就太容易了。早上发兵，下午就能到。大王不跟近邻的赵国交好，反倒把土地送给挺远的秦国，这个做法很不妥当。要是大王用我的计策，先去跟邻近的赵国订立盟约，然后再联络中原诸侯一块儿抵抗秦国。这样，燕国才能够真正安稳。”燕文公挺赞成苏秦的办法，就怕列国诸侯心不齐。苏秦说他愿意先去跟赵侯商量。燕文公就给他预备礼物、路费、车马、底下人，请他去跟赵国接头。

苏秦到了赵国，这时候奉阳君已经死了。赵肃侯听说燕国有位客人来了，亲自跑下台阶去迎接他，说："贵客光临，有何指教？"苏秦说："如今中原各国，最强盛的就是赵国，秦国瞩目的也就是赵国。可是秦国不敢发兵来侵犯，这是为什么呢？还不是因为赵国的西南边有韩国和魏国挡住秦国吗？可有一样，韩国和魏国并没有高山大河可以防守，秦国真要是发兵去打韩国和魏国的话，这两国很难抵抗。如果韩国、魏国投降了秦国，赵国可就保不住了。我仔细研究了地形和政治，中原列国的土地比秦国大五倍，列国的军队比秦国多十倍。要是赵、韩、魏、燕、齐、楚六国联合起来一块儿抵抗西方的秦国，还怕打不过它吗？为什么一国国都断送自己的土地去奉承秦国呢？六国不联合起来，单个儿割地求和，绝不是办法。要知道六国的土地有限，秦国的贪心没个完。割地求和是亡国政策。反过来说，要是大王约会诸侯，结为兄弟，订立盟约，不论秦国侵犯哪一国，其余五国一块儿去抵抗。这么着，一个孤立的秦国还敢欺负联合起来的六国吗？联合起来共同抵抗敌人是救国政策。我说咱们不如约会列国诸侯到洹(huán)水(河名，又叫安阳河，从今山西省流到河南省，经故殷墟到安阳县北安阳桥，再东到内黄县，入卫河）来开个大会。”赵肃侯是个有血气的青年，听了苏秦合纵抗秦的话，非常赞成。他拜苏秦为相国，把赵国的相印交给他，又给了他一百辆车马、一千斤金子、一百双玉璧、一千匹绸缎，让他去约会各国诸侯。

苏秦当上了赵国的相国，先派人拿了一百两金子上燕国去还那个借给他一百个小钱的客店掌柜，自己准备上韩国和魏国去联络一下。他刚要动身的时候，赵肃侯召他入朝，说有要紧的事商量。苏秦连忙去见赵肃侯。赵肃侯对他说：“刚才接到边疆的报告，说秦国进攻魏国，把魏国打败了，魏王求和，把河北的十座城送给秦国。万一秦国来打赵国怎么办呢？”苏秦心里吓了一跳，他想，要是秦国军队到了赵国，赵国准会像魏国一样割地求和，他那合纵的计策不就吹了吗？苏秦可没显出心慌的样儿，拱着手，说：“我琢磨着秦国的兵马已经累了，绝不能立刻就打到这儿来。万一来了，我也有退兵的办法。”赵肃侯说：“既是这样，你先别出去。要是秦国的兵马不来，到那时候你再动身吧。”苏秦只好留下，请赵肃侯加紧准备防御敌人。

苏秦回到相府里着实有点担心。末了儿，他想出个办法来：他要利用一个人，叫秦国不来打赵国。可有一层，那个人也是挺机灵的，哪能让苏秦利用呢？

第十二章 激将法

苏秦打算利用的那个人叫张仪，他是魏国人，也跟当初的苏秦一样，是个穷困潦倒的政客。他求见过魏惠王，魏惠王没用他。他就带着家小上楚国去求见楚威王。楚威王也像魏惠王那样，以为只要找到一个特别有本领的人拜为相国，就能够把楚国治理得像秦国那样富强了。

张仪到了楚国，令尹昭阳就把他留在家里作为门客，张仪在那里住了半年，听说苏秦当了赵国的相国，打算去投奔他，找个出身。正在这当儿，有个买卖人，人都把他叫贾舍人，恰巧赶着车马走到门口站住了。张仪出来一问，知道他是从赵国来的，就问他说："听说赵国的相国叫苏秦，真的吗？"贾舍人说："先生贵姓？难道您跟相国是朋友？”张仪说：“他不光是我的朋友，还是我的同学。”贾舍人听了，高兴地说：“哦，失敬，失敬！原来是我们相国的自家人！要是您去见相国，相国准得重用您。我这儿的买卖已经做完了，正要回本国去。要是您瞧得起我，车马是现成的。咱们在道上也好搭个伴儿。”张仪挺喜欢，就跟他一块儿上赵国去了。他们到了城外，刚要进城的当儿，贾舍人说：“我住在城外，就在这儿跟您告别了。离着相国府不远的一条街上，有一家客店。先生到了城里，可以上那儿住几天去。我得工夫，一定去拜望您。”张仪挺感激贾舍人，千恩万谢地说了一声回头见，独个儿进城去了。

第二天，张仪就去求见苏秦，可是没有人给他通报。一直到了第五天头上，看门的才给他往里回报。那个人回来说：“今儿个相国忙得很，他说请您留个住址，他派人去请您。”张仪只好留个住址，回到客店，安心地等着。哪儿知道一连等了好几天，半点消息也没有。张仪不由得生了气，他跟店里掌柜的叨唠了一阵子，说完了他想回家去。可是店里掌柜的不让他走，他说：“您不是说过相国派人来请您吗？万一他来找您，您走了，叫我们上哪儿找去！别说刚这么几天，就是一年半载，我们也不敢把您放走哇！”这真叫张仪左右为难，心里憋得慌。他向掌柜的打听贾舍人的下落，他们都说不知道。

就这么着又待了几天，张仪再去求见苏秦。苏秦叫人传出话来，说：“明天相见。”到了这时候，张仪的盘缠早就花完了，身上穿的衣裳该换季了。相国既然约定相见，身上总该穿得像个样儿。他向掌柜的借了一套衣裳和鞋、帽，第二天，摇摇摆摆地上相国府去了。他到了那儿，满想苏秦跑出来接他。哪儿知道大门还关着。他跟看门的说了又说，那个看门的叫他从旁边的小门进去。张仪耐着性子从旁门进去。他到了里边，刚往台阶上一走，有人拦着他，说：“相国的公事还没办完，客人在底下等一等吧！”张仪只好站在廊子下等着。他往上一瞧，就瞧见有好些个大官正跟苏秦聊天。好容易走了一批，谁知道接着又来了一批。张仪站得腿都酸了，看了看太阳都过了晌午了。正在气闷的当儿，忽然听见堂上喊着：“张先生在哪儿？”两边对张仪说：“相国叫你进去！”他就整了整衣裳，擦着袖子，上了台阶。他想：苏秦见了他，准得跑下来。万没想到苏秦挺神气地坐在上边，一动也不动。张仪忍气吞声地跑上去，向苏秦作了一个揖。苏秦慢条斯理地站了起来，对他说：“好些年不见，你好哇？”张仪气哼哼地也不搭理他。就有人禀告说：“吃饭了。”苏秦对张仪说：“我为了公事忙，累得你等了这么半天。该吃饭的时候了，请你在这儿用点便饭吧。我还有话跟你说呢。”底下人把张仪带了去，叫他坐在堂下。跟前摆着的只是一点青菜和粗米饭。张仪往上一瞧，就见摆在苏秦面前的全是山珍海味，满满地摆了一桌子。他本想不吃，可是肚子不争气，咕噜噜地直叫唤。只好吃吧。

待了一会儿，堂上传话，“请张先生上来！”张仪就走上去，只见苏秦挪了挪屁股，连站也没站起来。张仪实在忍耐不住了，往前走了两步，高声地说：“季子（苏秦的字）！我以为你没忘了朋友，才老远地来看你。谁知道你没把我放在眼里，连同学的情义都没有！你……你……你太势利了！”苏秦微微一笑，对他说：“我知道你的才干比我强，总该比我先出山。哪儿知道你竟穷到这步田地。我要把你推荐给赵侯，叫你得到富贵，倒不是什么难事。可是……可是我怕你没有志气，做不了什么大事，这……这不是反倒连累了我吗？”张仪气得鼻子眼冒烟，他说：“大丈夫要得富贵，自己干。难道说非叫你推荐不成？”苏秦冷笑着说：“既是这样，你为什么还来求见我呢？好吧，我看在同学面上，帮助你一锭金子，请你自己方便吧！”说着，他叫底下人给张仪十两金子。张仪把金子扔在地下，气呼呼地跑了出来。苏秦光是摇摇头，也不留他。

张仪回到客店，就见自己的铺盖、行李，全都扔在外边了。他问掌柜的：“这是什么意思？”掌柜的挺恭敬地说：“先生见了相国，当上大官，还能在我们这儿住吗？”张仪摇着脑袋，说：“气死人了！真正岂有此理！”他只好脱下衣裳，换了鞋、帽，交还给掌柜的。掌柜的问他：“怎么啦？”张仪简单地说了说。掌柜的说：“难道不是同学？先生有点高攀吧！别管这些，那锭金子，您总该拿来呀！这儿的房钱、饭钱还欠着呢。”张仪一听掌柜的提起房钱、饭钱，心里又着急起来了。

正在这当儿，那个贾舍人可巧来了，见了张仪，就说：“我忙了这些天，没来看您，真对不起。不知道您见过相国了没有？”张仪垂头丧气地说：“哼，这种无情无义的贼子，别提啦！”贾舍人一愣，说：“先生为什么骂他？”张仪气得说不出话来。店里掌柜的替他说了一遍，又说：“如今张先生的欠账还不上，回家又没有盘缠，我们正替他着急呢。”贾舍人一瞧张仪和掌柜的都愁眉苦脸的，自己也觉得不痛快，挠了挠头皮，对张仪说：“当

初原是我多嘴，劝先生上这儿来。没想到反倒连累了先生。我情愿替您还这笔账，再把您送回去，好不好？”张仪说：“哪能这么办呢？再说我也没有脸回去。我心里打算上秦国去一趟，可是……”贾舍人连忙说：“啊！先生要是上别的地方去，怕不能奉陪。上秦国去，这可太巧了。我正要上那边去瞧个亲戚，咱们一块儿走吧！现成的车马，又不必另加盘缠，彼此也有个照应。好极了。”张仪一听，好像迷路的人忽然来了个领道的，挺感激地说：“天下还真有您这么侠义心肠的人，真正叫苏秦害臊死了。”他就跟贾舍人结为知心朋友。

贾舍人替张仪还了账，做了两套衣裳，两个人就坐着车马往西边去了。他们到了秦国，贾舍人又拿出好些金钱替张仪在秦国朝廷里铺了一条道。那时候，秦惠文王正在后悔失去了苏秦，一听说左右推荐张仪，立刻召他上朝，拜他为客卿。

张仪在秦国做了客卿，先要报答贾舍人的大恩。哪儿知道贾舍人可巧来跟他辞行。张仪流着眼泪，说：“我在困苦的时候，没有人瞧得起我。只有你是我的知己，屡次三番地帮助我，要不，我哪儿有今日。咱们有福同享，你怎么能回去呢？”贾舍人笑着说：“别再糊涂了！‘打开窗子说亮话’，你的知己不是我，是苏相国！”张仪摸不着头脑，说：“这是什么话？”贾舍人就咬着耳朵对他说：“相国正计划着叫中原列国联合起来，就怕秦国去打赵国，破坏他的计策。他想借重一个亲信的人来执掌秦国的大权。他说这样的人，除了先生没有第二个。他就叫我打扮成一个做买卖的，把先生引到赵国。又怕先生得了一官半职就满足了，特地用个‘激将法’。先生果然火儿了要争口气，他就交给我好些金钱，非要叫秦王重用先生不可。我是相国手下的门客，如今已经办完了事，得回去报告相国了。”张仪一听，不由得愣住了。待了一会儿，叹息着说：“唉！我自以为聪明、机警，想不到一直蒙在鼓里还没觉出来。我哪儿比得上季子啊？请您回去替我给他道谢，他在一天，我绝不叫秦王去打赵国。”

第十三章 纵约长

贾舍人回去报告了苏秦。苏秦就禀报赵肃侯，说：“秦国绝不敢侵犯赵国，我还是去约会各国诸侯吧。”赵肃侯听了苏秦的话，给了他好些金钱、车马和底下人，让他到各国去走一遭。苏秦就向各国诸侯，详详细细说明割地求和的坏处跟联合抗秦的好处。韩、魏、齐、楚各国诸侯都给他说服了，大伙儿情愿听他的。苏秦就向北往回转。各国诸侯送他金钱和底下人。一路上前呼后拥，威风凛凛，好像国君出巡似的。沿道上的官员，个个出来拜见。路过洛阳（苏秦的老家），周显王预先叫人打扫街道，派大臣上城外去迎接他。苏秦的老母拄着拐棍站在大道旁边，高兴得简直有点不信。两个兄弟和自己的媳妇儿低着脑袋，

不敢抬眼睛看他。他嫂子趴在地上直打哆嗦。苏秦见了对她说："嫂子，你先前多么高傲！如今干吗这么恭敬起来了呢？"她说："因为如今叔叔做了大官，发了大财，不得不叫人恭敬啊！"苏秦叹了口气，说："唉！怪不得人们都想升官发财。"他请自己的家眷们上了车，一块儿回家。

苏秦在家乡住了几天，动身回赵国去。赵肃侯封他为武安君，派使者去约会齐、楚、魏、韩、燕五国的诸侯到赵国的洹水来开大会。公元前333年（周显王三十六年），苏秦和赵肃侯预先到了洹水，布置会场和房屋招待诸侯。

待了几天，燕、韩、魏、齐、楚五国的国君先后到了。苏秦先跟各国的大夫接了接头，商量了座位的次序。拿地位来说，楚国和燕国是老前辈，齐国（田氏的齐国，不是姜氏的齐国）、韩国、赵国、魏国都是新起来的国家。可是在战争的时候，还是拿国家的大小来排次序比较合适。要这么说，楚国最大、齐国第二、魏国第三、赵国第四、燕国第五、韩国最小。其中楚、齐、魏已经称"王"了，赵、燕、韩还称"侯"，爵位上差了两级，怎么能并排着结为兄弟呢？大家伙儿都觉得这事不好办，连称呼都叫不上来。苏秦有了主意，他建议六国痛痛快快地一概称王。赵王是发起人，也是主人，坐主位，其余按照国家的大小依次排列。各国"君王"都同意了。

到了正式开会的日子，各国君王按照预先议定的次序坐下。苏秦上了台阶禀告六国的君王，说："在座诸君都是大国的君王，土地广大、人口众多、兵力雄厚。难道愿意低三下四地去给秦国磕头，把自己的土地一块一块地送给人家吗？”苏秦接着说，“六国合纵抵抗秦国的计策，我已经跟诸位君王一位一位地说过了。如今只要‘歃血为盟’，结为兄弟，有困难互相帮助。”六国的君王都拱拱手，说：“遵命！遵命！”苏秦捧着盛牛血的铜盘，请六国的君王歃血，拜告天地和六国的祖宗，写了六份盟约，各国收藏一份。

赵王提议说：“苏秦奔走六国，我们才能够联合起来。我们应当封他一个职位，请他专门办理‘合纵’的事情。”五位君王都赞成这个意见，他们就公推他为“纵约长”，把六国的相印都交给他，让他总管六国臣民。苏秦向他们谢了恩。六位君王都欢欢喜喜地回去了。苏秦跟着赵肃侯回到赵国，他叹息着说：“我要是在洛阳郊区有两顷田地能做财主的话，我还能出门求富贵挂上六国的相印吗？”

六国在洹水订立盟约的举动简直是跟秦国挑战一样。秦王对相国公孙衍说：“要是六国真合而为一，秦国还有什么发展的希望呢？咱们必得想法儿破坏他们的合纵才成。”公孙衍说：“合纵是赵国开头的，大王不如先发兵去打赵国，看谁去救赵国，就先打谁。这么一来，诸侯都怕秦国去打他们，他们的合纵就容易拆散了。”张仪连忙反对，说：“六国新近订了盟约，正在兴头上，一下子是拆不散的。要是咱们发兵去打赵国，那么韩、楚、魏、齐、燕一块儿出来帮它，咱们该对付哪个好呢？我想还不如用点工夫先去联络几个国家，他们一定会彼此猜疑起来的。他们内部起了疑，还怕合纵不散吗？比方说，离着咱们顶近的是魏国，顶远的是燕国。

从魏国拿来的城多少退还几个给魏国，魏国准得感激大王，自然会来跟咱们和好。另外，把大王的女儿许配给燕国的太子，咱们跟燕国就做了亲戚。这么一来，秦国就不孤立了，各国的‘合纵’不难变成‘连横’了。”秦惠文王依了张仪的计策，就这么办起来。魏国和燕国的国君贪图眼前的便宜，不顾后来的祸患，果然跟秦国好起来。这叫纵约长怎么对付呢！

第十四章 拆散纵约

赵王得着这个消息，就责备纵约长苏秦，说：“你倡导六国合纵，一齐抵抗秦国。如今还没到一年工夫，魏国和燕国就给秦国拉过去了，要是秦国来打赵国，这两国还能帮助咱们吗？合纵哪儿靠得住哇！”苏秦觉得这事有点难办。这些国家就好像一群野猴儿，不听管教，要叫他一个人去管，这哪儿行呢？他要是再不想法子，也许不能叫他好好地下台了。他说：“好吧，我先上燕国去一趟，然后再到魏国去，非把这两国的事办好不可。”赵王恨不得把这混乱的局面整顿一下，就让他去了。

苏秦到了燕国的时候，燕文公已经死了，燕易王才即位，一见苏秦来了，就拜他为相国。这个相国可不容易当，您瞧，东边的齐国趁着燕国办丧事，就发兵来攻打，夺去了十座城。燕易王拜苏秦为相国，原来是让他为难。燕易王说："当初先君听了您的话，合纵抗秦，希望六国和好，彼此帮助。先君的尸骨还没凉，齐国就夺去了我们十座城。洹水的盟约还有什么用？您是纵约长，总得想个法子呀。"苏秦本来是为赵国来责问燕国的，如今倒先得为燕国去责问齐国了。他只好对燕易王说："我去跟齐国要回那十座城，好不好？"燕易王当然喜欢。

苏秦到了齐国，对齐威王说："燕王是大王的同盟，又是秦王的女婿。大王为了贪图十座城，跟两国结下冤仇。贪小失大，太不值得！要是大王照我的计策办，把十座城还给燕国，不但燕国感激大王，秦国也准喜欢。齐国得到了秦国和燕国的信任，大王还能够号召天下建立霸业呀！"这一番话，正说在齐威王的心坎上。他为什么攻打燕国，破坏盟约呢？齐国本来是个大国，离着秦国又远，照齐威王的打算，齐国加入合纵就可以借着合纵的名目来号召天下，建立霸业。没想到洹水会上，小小的赵国反倒当上了头儿，这哪能叫他服气！齐国和秦国的势力差不多，西方的秦国想并吞六国，东方的齐国也不是没有这个想法。他一听到苏秦的计策，就想要拿十座城做本钱去收买天下的人心。当时挺痛快地答应了苏秦，退还了燕国的土地。

燕易王凭着苏秦的一张嘴，收回了十座城，当然是高兴的。可是因为苏秦跟他的母亲文公夫人有私情，燕易王对他就冷淡起来。苏秦瞧出来了。他想再上齐国去碰碰运气，就对燕易王说："我在这儿对燕国没有多大用处，不如上齐国去，表面上做个齐国的臣下，背地里可替燕国打算。”燕易王说：“任凭先生吧。”苏秦假装得罪了燕易王，逃到齐国。齐威王还想利用他，拜他为客卿。

苏秦正在齐国替燕国破坏齐国的财力和物力的时候，秦惠文王又向魏国进攻。有时候，他夺了土地又退还给魏国，还了又夺回来。他使的手段是：打一巴掌揉三揉，揉了再打，要叫魏惠王死心塌地地归顺秦国，听他的指挥。魏惠王可不吃这一套，他一心要搜罗有富国强兵的能耐的人。他这种急于征求人才的打算还真出了名。有个邹国人（就是春秋时代的邾国，也叫邾娄；“邾娄”合音为“邹”）叫孟轲（kē）（就是孟子），得了这个消息，跑到魏国去见魏惠王。魏惠王亲自到城外去迎接他，把他当作贵宾看待。他一开口就说：“老先生千里迢迢地到敝国来，对我们准能有很大的利益吧。”孟子说：“大王何必急着谈利益呢？顶要紧的是讲仁义。”魏惠王觉得这位先生太迂腐了，就对他冷淡起来。

没有多少日子魏惠王死了，太子即位，就是魏襄王。孟子见了新君之后，退出来，说：“这个人看上去，简直不像个人君的样儿。”他只好离开魏国。他听说齐威王死了，儿子刚即位，就是齐宣王。孟子就上齐国去见齐宣王，劝他施行仁政。

齐宣王有两个毛病：头一样是好色，第二样是贪财。苏秦就利用他这两个毛病叫他搜罗美人儿，起造宫殿和挺大的花园，加重捐税来充实库房。他还拿孝顺父亲的大帽子叫齐宣王耗费钱财和人工去安葬齐威王。苏秦知道要叫六国同心协力地抗秦，就得叫六国势力变得一样大。齐国比别国强大，就破坏了这个均势。

为了这个，他想法子叫齐国消耗人力和财力。他这种毒辣的手段虽然把齐宣王蒙住了，可是瞒不了那些机灵的大臣，尤其是老相国田婴的儿子田文。田婴一死，齐宣王重用田文。那些反对苏秦的人以为齐宣王既然重用田文，一定不再信任苏秦了。

他们背地里派人去刺苏秦。匕首扎在苏秦的肚子里，他还挣扎着去告诉齐宣王。齐宣王叫人逮刺客，可是刺客早就跑了。苏秦小声地跟齐宣王说："我死之后，请大王把我的脑袋割下来，挂在街上。再出个赏格，说：'苏秦私通外国，替燕国来破坏齐国。如今已经把他杀了。有知道他的秘密来告发的，赏黄金一千两。'这么着，刺客准能拿住。"说完这话，他拔出匕首，就断了气。齐宣王照着苏秦的话做去，果然把那个刺客逮住了。

那时候，楚威王死了，太子即位，就是楚怀王。楚怀王因为秦国拆散了六国的合纵，原来已经担心了，后来听说秦惠文王拜张仪为相国，他怕张仪为了当初"和氏璧"的碴儿来向楚国报仇，就打算采用苏秦的老办法去联络诸侯，重新订立合纵联盟。公元前318年（楚怀王十一年），他做了纵约长，带领着楚、韩、赵、魏、燕五国的兵马向秦国的函谷关进攻。这是山东诸侯第一次联合起来出兵攻秦。秦军出了函谷关，首先打败了韩国的军队，接着五国的军队全都退回去了。

楚怀王害怕了。第二年（公元前317年），韩、赵、魏、燕、齐五国再一次向秦国进攻，而且韩国和赵国领头借了匈奴的兵马去打秦国。这一次合纵军败得比上一次更惨，韩军和赵军死伤得最多。山东人和匈奴人被秦军一共杀了八万二千。

六国合纵接连打了两次败仗，秦国不来打他们，已经是上上大吉了，谁还敢再向秦国进攻？恰巧秦国西南方的巴国（都城在今重庆市）和蜀国（都城在今四川省成都市）互相攻打，两国都向秦国求救兵。秦惠文王就派司马错率领大军到了巴、蜀，把这两个国家都灭了（公元前316年）。秦国一下子增加了大片的土地，又因为秦国对巴、蜀的居民特别照顾，这就大大得到了他们的拥护，秦国就更加强盛起来了。六国的合纵被秦国拆散，不必说了，他们还彼此攻打，抢夺地盘，这就给秦国一个进攻的好机会。

第十五章 六百里和六里

苏秦死了之后，他那假装得罪燕王逃到齐国去破坏齐国的阴谋，慢慢地从苏秦手下人的嘴里泄露出来了。齐宣王这才明白过来。打这儿起，齐国和燕国又有了仇。公元前 314 年，燕国起了内乱，齐宣王趁着机会打到燕国去，杀了燕王，差点把燕国灭了。齐国的声势可就大了。这还不算，齐宣王还和楚怀王结了同盟。秦惠文王正打算去打齐国，齐、楚两个大国联合起来，秦国的打算落了空。张仪要实行“连横”，非把齐国和楚国拆开不可。他向秦王说明了这个意思，交上相印，上楚国去了。

张仪到了楚国，先拿出挺贵重的礼物，去送给楚怀王手下一个最得用的小人叫靳（jìn）尚，然后去见楚怀王。楚怀王问他："先生光临，有何见教？"张仪说："秦王派我来跟贵国交好。"楚怀王说："谁不愿意交好呢？可是秦王老向人家要土地，不给他就打，谁还敢跟他交好？"张仪说："如今天下只剩了七个国家，其中最强大的，要算齐、楚、秦三国。要是秦国跟齐国联合，那么齐国就比楚国强；要是秦国跟楚国联合呢，那么楚国就比齐国强。如今秦王打算跟贵国交好，可惜大王跟齐国通好，他有什么办法呢？要是大王能够下个决心，跟齐国绝交，秦王不光情愿跟贵国永远和好，还愿意把商於一带六百里的土地送给贵国。这么一来，楚国可就得了三样好处：第一，增加了六百里的土地；第二，削弱了齐国的势力；第三，得到了秦国的信任。一举三得，为什么不这么干呢？"楚怀王是个糊涂虫，经张仪这么一说，就动了心。他挺高兴地说："秦国要是能够这么办，我何必一定要拉着齐国不撒手呢？"楚国的大臣们一听说他们能够得到六百里的土地，大伙儿都眉开眼笑地给楚怀王庆贺。忽然有个人站起来，说："这么下去，你们哭都来不及，还庆贺呢！"楚怀王一看，原来是客卿陈轸，就问他："为什么？"陈轸说："秦国为什么把六百里的土地送给大王？还不是因为大王跟齐国订了联盟吗？楚国有了齐国作为兄弟国，势力大，地位高，秦国才不敢来欺负。要是大王跟齐国断了来往，就跟砍了一只胳膊一样。那时候，秦国要不来欺负楚国才怪呢！大王要是听了张仪的话跟齐国断交，张仪失了信，不交出土地，请问大王有什么办法？到那时候，齐国恨上了大王，万一跟秦国联合起来，一块儿来打楚国，不就是楚国亡国的日子到了吗？大王不如派人先去接收商於。

等到六百里的土地接收过来之后，再去跟齐国绝交也来得及呀。”三闾大夫（官名，掌管王族三姓，就是昭家、屈家、景家）屈原说：“张仪是个反复无常的小人，千万别上他的当。”那个受了张仪礼物的靳尚，眯缝着一对吊死鬼眼睛，反对着说：“要不跟齐国绝交，秦国哪能白白地给咱们土地呀！”楚怀王点着头说：“那当然！咱们先去接收商於吧。”

楚怀王挺高兴，赏了张仪好些财宝。一边去跟齐国绝交，一边派逢侯丑跟着张仪去接收商於。张仪和逢侯丑沿道上喝酒谈心，好像亲弟兄一样。他们到了咸阳城外，张仪好像喝酒喝醉了，从车上摔下来。底下人慌忙把他搀起来，他说：“哎哟，我的腿摔坏了。你们赶紧把我送到城里去找医生。”他们把张仪送进了城，请逢侯丑住在客馆里。

逢侯丑去拜望张仪，底下人说：“医生说了，闭门养病，不能会客。”这么一天一天地耗下去，一连等了三个月。逢侯丑着了急，写了一封信给秦惠文王，说明张仪答应交割土地的事情。秦惠文王回答说：“相国答应的话，我一定照办。可是楚国还没跟齐国完全绝交，我哪能随便听信片面之词呢？且等相国病好了再说吧。”逢侯丑再去找张仪，张仪压根儿就没见他。逢侯丑只好把秦惠文王的话报告了楚怀王。楚怀王说：“难道秦国还怕我没跟齐国绝了交吗？”他派人上齐国去骂齐宣王。齐宣王气极了，派使臣去见秦惠文王，约他一块儿去打楚国。

张仪听说齐国有使臣来，就去上朝。没想到在朝门外碰见了逢侯丑。张仪问他：“怎么将军还在这儿？难道那块土地你还没

接收吗？”逢侯丑说：“秦王要等相国病好了再说。如今咱们就一块儿去说吧。”张仪说：“干什么要跟秦王说去？我把我自己的土地献给楚王，何必去问他呢？”逢侯丑说：“是您的土地吗？”张仪说：“可不是吗？我情愿送给楚王我自己的六里土地。”逢侯丑急得出了一身冷汗，说：“怎么会是六里土地？我来接收的是商於那儿的六百里土地呀！”张仪摇着脑袋，说：“没有的话！秦国的土地，全是凭着打仗得来的，哪能随便送人呢？别说六百里，就是六十里也不行啊！我说的是六里，不是六百里；是我的土地，不是秦国的土地。大概楚王听错了吧！”逢侯丑这才知道他原来是个骗子。

第十六章 连横亲秦

逢侯丑回到楚国报告了经过，楚怀王气得直翻白眼，骂着说："张仪果然是个反复无常的小人！我得拿住他，吃他的肉，才解恨哪。"公元前312年（周显王的孙子周赧王三年，楚怀王十七年，秦惠文王二十六年），楚怀王拜屈匄为大将，逢侯丑为副将，率领十万兵马去打秦国。秦惠文王拜魏章为大将，甘茂为副将，也发十万兵马，跟楚国对敌。同时还叫齐国助战。齐宣王派大将匡章率领大军助战。楚国受到两面夹攻，一连败了几仗。屈匄、逢侯丑都阵亡了。十万人马剩下的不过两三万，连楚国汉中的土地六百多里，都给秦国夺了去，全国动摇起来。韩国、魏国一见楚国打了败仗，都趁火打劫，发兵去侵略

楚国的边疆。楚怀王急得直挠头皮，只好派大夫屈原上齐国去谢罪，叫客卿陈轸上秦国兵营去求和，情愿再割两座城，作为礼物。楚国从此大伤元气。

魏章派人回去报告秦惠文王。秦惠文王说："用不着割两座城，我情愿用商於的土地来调换楚国黔（qián）中（在今湖南省沅陵县西）的土地。要是楚王愿意，我们就立刻退兵。"魏章把这话回报了楚怀王。这时候，楚怀王恨的是张仪。他倒不在乎土地，就说："用不着调换。只要秦王把张仪交出来，我情愿奉送黔中的土地。"

秦国那些气恨张仪的大臣对秦王说："拿一个人换几百里土地，这是再便宜没有的了！"秦王说："这……这哪成啊？"张仪说："那有什么呢？死我一个人，得了黔中的土地，我已经够体面的了，再说我还许死不了呢。"秦惠文王就让他去了。

张仪到了楚国，楚怀王把他押起来，打算挑个日子，把他宰了祭祀太庙。张仪买通左右，告诉了靳尚。靳尚又买通了楚怀王最宠爱的一个美人儿郑袖，叫她劝楚怀王释放张仪。就这么着，两个亲信的人，你一言、我一语，说得楚怀王活了心。再说黔中的土地毕竟不愿意送给人家，他就把张仪放回秦国去了。

张仪回到秦国，叫魏章退兵，又劝秦惠文王退还汉中一半的土地，重新跟楚国和好。楚怀王高兴了，直说张仪真够朋友。

秦惠文王为了张仪的功劳，赏给他五座城，还封他为武信君，叫他去周游列国，推行"连横"计策。张仪先去见齐宣王，对他说："楚王已经把他女儿许配给秦国的太子，秦王也已经把他女儿许配给楚王的小儿子。两个大国成了亲家了。韩、赵、魏、燕四国为了想保全自己，一个个全都送点土地给秦国，如今五国都跟秦国交好，怎么大王反倒孤单起来了呢？要是秦王叫韩、魏两国来打贵国的南边，叫赵国来打临淄、即墨，秦国自己再发大军，大王怎么办呢？到那时候，再打算去跟秦国交好，可就晚了。如今的局势，明摆在眼前，谁跟秦国交好，就能平安无事；谁要跟秦国作对，可就保不住了。请大王细细地想想。”齐宣王给他连拍带吓唬地说服了。孟子当时还待在齐国，知道齐宣王也不能听他的话施行仁政，只好离开了齐国。他以后也像孔子那样从事著作和教导门生了。

张仪到了赵国，对赵武灵王（赵肃侯的儿子）说：“如今楚国跟秦国做了儿女亲家，韩国早归顺了秦国，齐国也送礼求和。强大的国家都跟秦国联合到一块儿，只有赵国孤孤单单的，四面全是敌人，不是太危险了吗？秦王要是统率着秦、楚、齐、韩、魏几国的大军打进来，把贵国分了，大王可怎么办呢？到那时候，大王再想跟秦国去交好，可就来不及了。”赵王也给他吓唬住了。

张仪到了燕国，对燕国的新君燕昭王也来了这么一套连蒙带吓的话，燕昭王就把洹水东边的五座城献给秦王。

张仪把齐王、赵王、燕王说得愿意归顺秦国之后，连横亲秦的计策可就成功了。他挺得意地回秦国去。他还没到咸阳，秦惠文王死了。太子即位，就是秦武王。秦武王是个粗人，脾气挺直爽。他做太子的时候，就看不惯张仪，平常反对张仪的一些大臣都在秦武王跟前给他说坏话。秦武王准备不用张仪。张仪一到咸阳，就知道自己的职位靠不住了。他对秦武王说：“听说齐王特别恨我，说我骗了他，一定要跟我报仇。咱们就借着这个因由，也能得到点好处。我情愿辞别大王，上魏国去。齐王一知道我在魏国，准去攻打。大王趁着齐国跟魏国打仗的时候，发兵去打韩国，把韩国收下来，就可以一直打到成周去。周朝的天下可就是大王的了。”秦武王正想去看看天王的京都，就赏了张仪三十辆车马，叫他上魏国去。魏襄王挺欢迎他，还真拜他为相国。

齐宣王当初听了张仪的话，还以为韩、赵、魏已经跟秦国和好了，自己不能不跟他们在一块儿。后来一打听，才知道是张仪借着齐国作为幌子去威胁别的诸侯。他哪能不生气呢？这会儿听说秦惠文王死了，就叫相国田文通知各国，重新订立盟约，合纵抗秦，自己当了纵约长。齐宣王还出了个赏格：“谁拿住张仪，就送谁十座城。”这回听说魏国拜张仪为相国，他就发兵去打大梁。

魏襄王急得什么似的，他跟张仪商量。张仪请他放心。他派心腹冯喜打扮成楚国人去见齐宣王，对他说：“听说大王恨透了张仪，真的吗？”齐宣王说：“不假！”冯喜说：“要是大王真恨他，就不该帮他。”齐宣王说：“谁帮他来着？”冯喜说：“我从咸阳来，听说张仪离开秦国是个计。秦王料着张仪到了魏国，大王准要跟魏国开战，他就趁这时候去打韩国，然后好去侵犯成周，夺取天王的地位。秦王这才送给张仪三十辆车马，叫他上大梁去。如今大王果然去打魏国，这不是入了他们的圈套了吗？”齐宣王说：“哎呀，我差点上了当。”他赶紧把军队撤回，不打魏国。魏襄王可就更加信任张仪了。张仪终于完成了他的连横计策。没有多少日子他得了重病，死在魏国。那时候正是公元前309年（周赧王六年）。

第十七章 绑架楚王

秦武王死后没有儿子，大臣们就把他的一个叔伯兄弟立为秦王，就是秦昭襄王。秦昭襄王即位之后，用心拉拢楚国，又跟楚怀王做了亲戚，订了盟约。合纵那一头的纵约长齐宣王因此约会韩国和魏国，一块儿去攻打这位退出合纵抗秦的楚怀王。

楚怀王一见齐、韩、魏三国的兵马来打楚国，只得派太子横上秦国去做抵押，请秦国发兵来帮助。秦昭襄王还真发兵去帮楚国。三国的兵马就退了。没想到太子横在秦国受人欺负，末了秦国的一个大夫和太子横相斗，太子横把他杀了，接着就跑回楚国。秦国借着这个由头，接连来打楚国，夺去了好几座城，杀了好几万楚国人，把楚怀王逼得只好脱离秦国，重新加入“合纵”。他还派太子横上齐国去求救，留在齐国作为抵押。齐国和楚国联合起来，当然对秦国不利，秦昭襄王就挺客气地给楚怀王写信，请他上武关（在今陕西省商洛市商州区东）相会，预备当面订立盟约，永远和好。

楚怀王接到秦昭襄王的信，就对大臣们说：“秦王请我上武关去订盟约。不去呢，要招他怨恨；去呢，又怕有危险。你们看应当怎么办呢？”大夫屈原从齐国回来的时候，劝楚怀王治死张仪，可是楚怀王终于把张仪放走了。这会儿屈原拦住楚怀王，说：“秦国强暴得同豺狼虎豹一样，咱们受了秦王的欺负已经不止一次了。大王一去，准上他的圈套。”令尹昭睢说：“屈大夫的话一点不错。咱们只要加紧防守就是了。大王可不能轻易上敌国去！”那个吊死鬼眼的靳尚却说：“秦国不是咱们的亲戚吗？因为咱们把亲戚看作敌人，咱们才打了败仗，死了好些将士，丢了土地。如今秦国愿意跟咱们亲善，彼此帮助，咱们哪能拒绝人家呢？万一秦王冒了火儿，来个大进攻，那不就更糟了吗？”楚怀王的小儿子公子兰也说：“我姐姐不是嫁给秦国的太子了吗？秦王的女儿不是嫁给我了吗？两国既然成了亲戚，理当亲善才对。”楚怀王是墙头草，随风倒。这回一连打了败仗，就想跟秦国求和，再加上靳尚跟公子兰一搭一和地说着，还有个上官大夫帮着公子兰说话，楚怀王就决定去跟秦昭襄王会见。

楚怀王带着靳尚和几个随从人员到了武关。秦国的大臣出来迎接，说：“秦王已经在这儿等了三天了，请进去吧。”他们把楚怀王前呼后拥地接进了武关。到了一个地方，车马站住了。有一个大员出来迎接，请他换车。楚怀王见他不像是秦王，心里有点起疑，打算不下车。那个人行个礼，说："大王不必疑惑，我是秦王的兄弟泾阳君。因为秦王身子有点不舒服，不能出门，又怕大王见怪，特地派我来迎接。劳驾，请大王上咸阳去跟秦王见面吧。"楚怀王一听叫他上咸阳去，很不乐意。忽然瞧见一大队秦国士兵把他围起来，脸不由得变了颜色，问泾阳君说："我是来跟秦王开会的，为什么你们叫这么些士兵把我围起来呢？"泾阳君说："哪儿？哪儿？他们是来保护大王的，请您别错怪了。"这时候，楚怀王不由自主地给他们拥上了车。泾阳君同他坐在一块儿。秦国的将军白起带领着大军，沿道上"保护着"。靳尚看着不对头，带着一对倒挂眼偷偷地跑回楚国去了。

楚怀王被绑架到咸阳。秦昭襄王吩咐大臣们聚在朝堂上，自己挺威风地坐在那儿，叫楚怀王像部族酋长那样去朝见他。楚怀王哪儿受得了这号侮辱，就扯开了嗓子数落着说："我把你当作亲戚，信了你的话，答应你的请求，亲自上武关来。你假装有病，诳我上咸阳来。如今见了我，不依照诸侯的礼来迎接我，这是什么道理？"秦昭襄王说："当然有道理！你以前答应把黔中的土地让给秦国，这件事直到如今还没办。今天劳你的大驾，也就是为了这个。只要你把黔中土地交割清楚，我就送你回去！"楚怀王说："你要土地，不是不能商量，何必弄这套诡计？"秦昭襄王说："不这么着，你哪肯呢？"楚怀王没有法子，只好答应他的要求，说："好吧！我就把黔中的土地让给你！咱们先订立盟约，秦国派一位将军跟我上楚国去接收，好不好？"秦昭襄王说："像

这种订盟约的把戏我都玩腻了，有什么用呢？这么着吧：你先派个人回楚国去，把黔中的土地交割清楚，等我们接收完了之后，再送你回去。”秦国的大臣们都劝楚怀王答应，楚怀王破口大骂，说：“你使出这种欺负人的手段，把我骗到这儿来，还要逼着我割让土地，这……这简直太不像话了！我……我不答应，干脆说，我不认可！你就是把我弄死，我也不答应！”秦昭襄王知道蜡烛不点不亮，锣鼓不敲不响，就把楚怀王当作“肉票”押在咸阳，叫楚国拿地来赎。

靳尚跑回楚国，向令尹昭雎报告了经过。昭雎说：“大王给他们留在秦国，一时回不来，太子又在齐国。要是齐国跟秦国联合起来，再把太子扣住，那咱们楚国就连个君王都没有了！”靳尚说：“咱们就另外立个王子，怎么样？”昭雎说：“太子是大王立的，哪能把他废了呢？要是大王回来，说你自作主张，违背他的命令，你担得起这个罪名吗？还是派人上齐国去，就说大王归天，赶紧请太子回去即位。”靳尚说：“我没保护住大王，自己觉得有点亏欠，迎接太子这个差使派我去吧。”昭雎就派靳尚上齐国去“报丧”。

齐宣王前两年死了，新王即位，就是齐湣（mǐn）王。齐湣王接见靳尚之后，对相国田文说：“如今楚国没有君王，我打算把太子横扣在这儿，叫楚国拿淮河以北的土地来赎，你看怎么样？”田文反对说：“这哪行！楚王的儿子有的是。要是他们另外立了一个当国君，咱们不但得不到好处，反倒落了个坏名声。还是好好地把楚太子送回去吧！”齐湣王一想，这话倒也有理，就把太子横送去了。

太子横即位，就是楚顷襄王。楚国的大臣像昭雎、公子兰、靳尚、屈原等都照常办事。当时派使臣去通知秦国，说："楚国已经有了国王了！"秦王眼看这次绑架没有人来赎，又是羞愧，又是气，恼羞成怒，就派大将白起和蒙骜（áo）带领着十万人马，从武关出发去打楚国。这一仗楚国被秦国打得大败，死了五万多人，又被秦国占了十六座城。这么一来，秦国就更威风了。

被押着的楚怀王得到了这个信儿，背地里直掉眼泪。他在秦国押了一年多工夫，后来看守他的人瞧他挺可怜的，再说这种差事也干腻了，慢慢地懈怠起来。楚怀王得了个机会，换了一身衣裳，偷着跑出了咸阳。他本来打算逃回本国去。谁知道看守的人向秦王报告，秦王立刻派人去追。然后通知东面边界上的将士们，把秦国通往楚国的路堵住，又把通往楚国西部的路也派人守住。楚怀王就像被猎狗追赶的兔子一样，全身都长着耳朵。一听说东边跑不了，就抄小道往北跑，居然给他跑到赵国的边界上。只等赵王放他过去就能活命了。

第十八章 向胡人学习

楚怀王逃到赵国的边界上，赵王可没在本国。这位赵王就是赵肃侯的儿子赵武灵王。说起这位赵武灵王，他是赵国数一数二的贤明君主。眼光远，胆子大，外国的东西，好的就要学习，本国的东西不好的也要改革。赵国的大臣像楼缓、肥义、公子成，全是他挺有才干的好帮手。

公元前 307 年（周赧王八年，赵武灵王十九年），有一天，赵武灵王对楼缓说：“赵国的北面有燕国，东面有东胡，西面有林胡、楼烦、秦、韩，中间还有中山。四面八方全是强横的敌人，什么是咱们的保障啊！自己要是不奋发图强，随时都能给人家灭了。要奋发图强当然有好些事要做。我打算先从改革服装下手，连带着就可以改变打仗的方法。你瞧怎么样？”楼缓说：“服装可怎么改呢？”赵武灵王说：“我们穿的衣裳，袖子太长，腰太肥，领口太宽，下摆太大。穿着这种长袍大褂，做事多不方便。”楼缓把话接过去，说：“还费衣料。”赵武灵王说：“多费点衣料倒是小事，要紧的是要改一改咱们的精神状态。穿上长袍大褂做事不光不方便，走起道儿来摇摇摆摆的，干起活儿来就会迟慢。因此，也就减少了奋起直追的精神。全国的人都这样，国家哪强得了？我打算仿照胡人的风俗，把大袖子的长袍改成小袖儿的短褂，腰里系一根皮带，脚上穿双皮靴。要是穿上这种衣裳，就能做事方便，走道灵活。你再想大模大样、摇摇摆摆地走都办不到了。”

楼缓听得挺高兴，说：“咱们能够仿照他们的服装，也能够学习他们打仗的方法。”赵武灵王说：“是啊！改变了服装，打仗也能够学胡人了。胡人穿着他们那种衣裳，能够挺方便地在马上射箭。咱们打仗，向来用兵车。只知道用马拉车，可不会骑着马打仗。驾着车打仗哪能像骑在马上那么灵活呢？我主张仿照胡人的服装跟骑马射箭的法子。”楼缓愿意帮助赵武灵王去教导老百姓都这么办。

君臣两人商量妥当之后，第二天，赵武灵王就在朝堂上对大臣们宣布了这件事情。他们听了，大多数都反对。有的说：“衣裳不光是保护身子，也是表示礼节。咱们的礼节是由古时候圣贤留传下来的，不能随便改变。”有的说：“应当拿中原的文化去改变胡人的风俗才是道理，哪能拿胡人的风俗来改变中原文化呢？”赵武灵王想不到他们竟这么顽固，心里很不痛快，改革风

俗的想法可就有点晃悠了。

赵武灵王回头对大夫肥义说："我本来想教老百姓都穿胡服，学习骑马射箭，好改一改咱们这种拖拖拉拉的习气，可是我要这么办，准得有好些人会反对。"肥义说："不下决心，办不了大事！不论改革什么，总会有人反对。反对改革的人大多看不到将来。一般人就知道看过去，咱们是看到将来的。古时候的圣贤哪个不主张改革呢？要是他们也这般顽固，只能够仿照古人的话，到如今咱们也许还赤身裸体地住在山洞里呢！哪能有这衣裳呢？更谈不到什么礼节了。不改革就永远不能进步。要改革就不妨仿照胡人的风俗。古时候的圣人不也是这样的吗？帝舜的时候，有个部族叫有苗。他们的文化虽说不如中原，他们跳的舞可比中原的好。帝舜就向他们学跳舞。大禹也是这样。他到了裸体国，见那地方的人都是赤身裸体的，就脱了衣裳跟他们一样地光着。可见古人也有仿照别的地方的风俗的。只要对国家、对人民有好处，不论什么都能学着办，不必管他是古时候的还是现在的，是中原的还是别的部族的。大王何必犹疑不决呢？"

赵武灵王听了肥义的这一番言论，就说："不错！也许有人会笑我、骂我，可是那些有见识的人跟后辈人总会赞成我的。"他自己就先穿起胡人的服装来了。他们君臣还以为穿胡人的服装是个大改革，哪知道赵国的老百姓，尤其是临近边界的人们，早就有人穿这种衣服的了。

第二天上朝的时候，赵武灵王、楼缓和肥义，都穿着小袖子的短衣出来了。一般大臣瞧见他们这个样子，都吓了一跳。他们还以为赵武灵王犯了疯病呢。这不是太丢脸吗？这不是把中原的文化、道德、礼仪都扔了吗？可是赵武灵王下了决心，非推广新服装不可。他又用种种理由把他那个最顽固的叔叔公子成说服了。公子成也穿上胡服。大臣们一见公子成也穿上了胡服，大伙儿只好随着改了。然后赵武灵王出了一道改革服装的命令。没有几天，全国的人不分富贵贫贱，全都穿上了胡服。有钱的人开始觉得有点不像样，后来因为比起以前的衣裳实在方便得多，反倒时兴起来了。

第十九章

侦察

赵武灵王第二件向胡人学习的事，就是骑马射箭。他亲自训练士兵，教他们怎么样像胡人那样骑马射箭。不到一年工夫，赵国大队的骑兵就训练成了。公元前306年（周赧王九年），赵武灵王亲自收服了中山、东胡和邻近的几个部族，打发使臣去联络秦国、韩国、楚国、齐国。赵国就这么强大起来了。赵国这么强大起来，更有利于阻挡北狄向中原的进攻，正像秦国的强大挡住了西戎、楚国的强大挡住了群蛮百濮向中原的进攻一样。到了公元前300年（改革后的第七年）的时候，不光把林胡、楼烦、中山都收服了，还扩大了势力，北边一直到燕代、雁门，西边到云中、九原，一下子增加了好些土地。赵武灵王可就打算跟秦国争个上下高低。他老在外边打仗，国内的事谁管哪？他见小儿子何挺能干，就传位给他，就是赵惠文王，自己称为主父。拜肥义为相国，李兑为太傅，公子成为司马，封大儿子章为安阳君。国内的政权布置妥当之后，他要去考察秦国的地理形势，还要去侦察一下如今在位的秦王是怎样的一个人。

赵主父打扮成个使臣，自称为“赵招”，带了几个手下人，上秦国去访问，沿路察看地形，画成地图。一直到了咸阳，见了秦昭襄王，还向他报告了赵武灵王传位的事情。秦昭襄王问他：“你们的国王老了吗？”他回答说：“还在壮年。”秦昭襄王说：“那为什么要传位呢？”他说：“我们的国王叫太子先练习练习。国家大权可仍然在主父手里。”秦昭襄王没有什么正经话说，就跟这位“使臣赵招”瞎聊天。他说：“你们怕秦国不怕？”“赵招”说：“要是不怕，就用不着改革服装，学习骑马射箭了。好在如今敝国的骑兵比起早先来要多十几倍，大概能够跟贵国结交了吧！”秦昭襄王听了这话，倒挺敬重他。“使臣赵招”辞别了秦王，回到客馆里去了。

当天晚上，秦昭襄王想起赵国使臣的言谈话语，又文雅又强硬，他的态度又庄重又温和，倒是一个特别的人物。他还想跟他谈谈。第二天，秦昭襄王又请“赵招”去见他。“赵招”的手下人说：“使臣病了，待几天再朝见大王吧。”就这么又待了几天，秦昭襄王又派人去请“赵招”，非要他去不可。可是“使臣赵招”早就不见了。客馆里只留下一个人，自称是赵国的使臣赵招。他们就把他带到秦昭襄王跟前。秦昭襄王问他：“你既是使臣赵招，那么上次见我的那个人又是谁呢？”这个真的赵招说：“他就是我们的主父。他想见一见大王，特意打扮成使臣。他叫我留在这儿给大王赔罪。”秦昭襄王咬牙切齿地说：“赵主父骗了我！”立刻叫泾阳君跟白起带领三千精兵，连夜追下去。他们一直追到函谷关，守关的将士说：“赵国的使臣已经过去三天了。”泾阳君白跑了一趟，只得回去报告秦王。秦王没有法子，索性大方点，把那个真的赵招也放回去了。

赵主父见过了秦王，又到了云中、燕代、楼烦这几个地方。他在灵寿（在今河北省正定县北）建造了一座城，叫赵王城。夫人吴娃也在肥乡（在今河北省广平县西北）建造一座城，叫夫人城。就在这个时候，楚怀王从秦国逃到赵国的边界，打算进去避难。他算计赵主父准得收留他。哪知道赵主父的儿子赵惠文王原来是个怂包！他怕得罪秦国，不让楚怀王进去。把楚怀王逼得前无去路，后有追兵，急出了一身冷汗，差点晕了过去。他还想接着再往西跑，逃到大梁去。可是秦国的追兵赶了上来。他又当了俘虏，跟着泾阳君回到咸阳去了。

这一回再当俘虏叫他太难堪了。气得他连话都说不出来，就吐起血来了。当时得了重病，没有多少日子他死在秦国（公元前296年，周赧王十九年）。秦国把他的尸首送回楚国。楚国人可怜楚怀王给秦国欺负，死在外头，全都像死了父亲似的那么伤心。各国诸侯也全觉得秦王太不讲理了，就又重新联合到一块儿，闹起合纵抗秦来了。楚国的大夫屈原更是替楚怀王抱不平，一个劲儿地劝楚顷襄王去给先王报仇。

第二十章 屈原投江

楚国的大夫屈原早就瞧出秦昭襄王没安好心，屡次三番劝过楚怀王，联合齐国，共同抗秦。他也警告过楚怀王别听张仪的鬼话上武关去。可是楚怀王是个糊涂虫，错信了靳尚、公子兰、上官大夫这一伙人，结果送了命。如今楚顷襄王即位，不但没把他们治罪，反倒重用起来。屈原的苦闷也就可想而知了。他知道君子和小人不能在一块儿共事，就打算辞职。可是回头一想，非到万不得已的时候，总不该走。他就劝楚顷襄王搜罗人才，远离小人，鼓励将士，操练兵马，好为国家争气，替先王报仇。没想到他这种劝告不但不管事，反倒招起靳尚、公子兰、上官大夫的仇恨来了。他们这几个人就怕屈原在楚顷襄王面前老提起反抗秦国的话。秦国也真厉害，就在楚怀王死后第四年（公元前 293 年，周赧王二十二年），因为韩国和魏国出兵反对秦国，就派大将白起去对付他们。白起在伊阙（就是今河南省洛阳市南龙门山）大败韩国和魏国的军队，杀了二十四万人，夺去了几座城。从此以后，韩国和魏国只能割地求和，不敢再反抗秦国了。

屈原还是劝楚顷襄王去联络诸侯共同抗秦。靳尚、公子兰、上官大夫就天天在楚顷襄王跟前给他说坏话。靳尚对楚顷襄王说："大王没听见屈原数落您吗？他老跟人家说：'大王忘了秦国的仇恨，就是不孝！公子兰不主张抗秦，就是不忠！楚国出了这种不忠不孝的君臣，哪能不亡国呢？'这叫什么话！"楚顷襄王一听就大怒起来，把屈原革了职，放逐到湘南去了。

屈原抱着救国救民的志向，一肚子的富国强兵的打算，反倒给小人排挤出去。到了这时候，简直要把他气疯了。他不想吃，不想喝，头不梳，脸不洗，颠三倒四地在洞庭湖汨（mì）罗江（在今湖南省湘阴县北，向西流入湘水）畔一边走，一边唱着伤心的歌儿。屈原的姐姐屈须，听说兄弟的遭遇，就扔下她的丈夫，老远地跑到湘南去看他。她找到了屈原的住处，可是他没在家。屈须找了半天，才在江边上碰见她的兄弟，他披头散发，一脸渍泥，又黄又瘦，坐在那儿正在叹气。姐姐一见他这样，不由得掉下眼泪来，说："兄弟，你何必这样呢？"屈原扑了过去，叫了一声"姐姐！"只是抽搭，说不出话来。他的委屈、忧闷、伤心一股脑儿全在"姐姐"这一声里涌了出来。屈须理着他的乱头发，安慰着他，说："楚国的人哪一个不知道你是个忠臣？大王不听你的话，那是他的不是。你已经尽到心了。老是悲叹着又有什么用？”他说：“楚国如今弄到这个样儿，我实在不想活了！”屈须说：“别傻啦！你能鼓着勇气活下去，才是道理。怎么说出这种没志气的话来呢？要是你一死，国家就能够保全了，那么我也情愿跟你一块儿死。可是你这么糟蹋自己，不但对国家没有什么帮助，反倒还会带累别人也这样消沉下去。万一消沉自杀成了风气，你不是头一个大罪人了吗？你不能救国，就应当救人；不能救人，至少也应当救你自己。哪能把父母留给你的身子随便糟蹋呢？”

屈原反驳她，说：“我的身子虽说是父母的，可是忠孝不能两全。国家要亡了，哪还有我呢？姐姐不能光为自己着想！”屈须说：“你以为身子是你自己的，可以任意糟蹋。哪知道你是楚国人，你是人间的一个人，你凭什么糟蹋毁坏一个楚国人？你要把眼光放大了，你要知道自杀就是杀人！”屈原根本没往这上头想。他觉得姐姐的话比自己的话还有道理，就说：“那么怎么办呢？”屈须说：“你做官的时候，自然应当尽心尽力地替朝廷打算。如今你既是革去了官职，君王不让你替朝廷出力，那么，就应当接受老百姓的地位，好好地当个老百姓。你这儿还有点地，还是种地吧！”

屈原不敢违拗他姐姐的劝告，就把长衣裳脱下来，亲自去种地。附近的庄稼人知道他是革了职的大臣，都挺同情他，自动地来帮助他。乡村的自然生活把屈原的身子骨儿又锻炼成像原先那样结实。他姐姐见了，这才放了心。待了几个月，屈须回家去了。

屈须回去之后，屈原又觉得闷得慌了。天性淳厚的老乡们虽说老去帮他，跟他聊聊天，可是他们到底都是庄稼人，屈原跟他们聊不到到一块儿。为了这个缘故，屈原老觉得孤独，又起了厌世的念头。就在这时候，他交上了一个打鱼的朋友。这位打鱼的，大概是个隐士。他连自己的名字都隐起来，就拿“渔父”当作了称呼。他挺佩服屈原的学问，可就是不赞成他那种唉声叹气的脾气。

有一天，渔父带着讥诮的口气跟屈原说：“您不是楚国的三闾大夫吗？怎么会落到这步田地？”屈原一听，挺不高兴，就说：“天下全是脏的，我是个干净人。大伙儿都喝醉了，只有我还醒着。因此我被送到这儿来了。”渔父撇了撇嘴，说：“您既然知道天下都是脏的，就不该自命清高；大伙儿都喝醉了，您为什么不喝几盅？如果像您说的，天下全是脏的，那么您独自干净就不合适了。大伙儿既然全都糊涂，那么您独自清醒，倒是糊涂了。”屈原红着脸反对说：“这是什么话，难道说上就是下，下就是上？东就是西，西就是东？光明就是黑暗，黑暗就是光明？……君子就是小人，小人就是君子？”

渔父笑着说：“您要分辨得这么清楚，难怪您跟别人合不到一块儿了。您既然抱着救世救民的热忱，就得和小人在一起，慢慢地把他们感化过来。您要改变人间，就得跑到黑暗里去，慢慢地发出光来。哪能把人间看成脏的，把人全看成是糊涂的，自己站在半空中呢？”屈原说：“想叫我洗了澡，再跳到污泥里去吗？这我可办不到！”渔父说：“您既然办不到，那么，就应当跟我学。我打我的鱼，您种您的地。君王不需要咱们，咱们也不需要君王。干什么自寻苦恼，受别人的排挤呢？”

屈原听了渔父这一番话，觉得也挺有道理。可是一来，他是贵族，哪真能种庄稼过日子呢，他忘不了自己的家族，不情愿眼瞧着宗庙毁了；二来，他比渔父年轻，没有那样的修养，就决心不在这脏的人世里做个醉生梦死的人。终于在公元前278年（周赧王三十七年）五月初五那天，抱着一块大石头，跳到汨罗江里去了。

渔父得到了这个信儿，一面立刻叫人去告诉那些渔民跟附近的庄稼人，一面自己划着小船去救屈原。不大一会儿工夫，好些小船好像比赛看谁划得快似的赶过去。可是汪洋大水，哪儿有屈原的影儿？渔父四面一瞧，就见靠左边远远地漂着一个人。他就急忙往那边划去，别的船也像射箭一样一齐赶过去。可是漂在水面上的只是一捆苇子。突然听见后边"啪啦"一声，好像大鱼跳出水面的声儿。大伙儿回头一瞧，只见一个浪花还在那儿打旋，好些小船赶到那边，又扑了个空。他们在汨罗江上闹了半天，到了儿也没把屈原找着。渔父挺难受，他对着江面祭祀了一会儿，把竹筒子里的米撒在水里，就算是献给朋友的。别的同情屈原的渔民跟农民也有几个这么做的。

到了第二年五月初五那一天，大伙儿想起这是屈原的周年了，又划着船用竹筒盛上米撒到水里去祭祀他。到后来，把盛着米的竹筒子改成粽子，划小船改为赛龙船。纪念屈原这件事，就变成了一种风俗了。就把五月初五称为端午节，也叫端阳节。要是当初赵主父在赵国，楚怀王不能死在秦国，屈原也许不自杀。赶到赵主父从云中回来，赵惠文王早把事情做错了。

第二十一章 鸡鸣狗盗

赵惠文王拜弟弟赵胜为相国，把东武城（在今山东省武城县）封给他，称他为平原君（不是封于平原）。这位平原君最喜欢结交天下的英雄豪杰，也不管有没有才能，凡能投到他门下来的，他一概收留，养活着他们。

这种收养门客的举动，当时成了风气。齐国的孟尝君、魏国的信陵君、楚国的春申君都彼此抢着收养门客。他们每家都有几千个门客住在家里。

平原君收养门客的新闻传到了秦国。秦昭襄王叹息着对大夫向寿说："像平原君这么贤明的人，天下少有！"向寿说："不过他要比起齐国的孟尝君来，还差得远哪！"秦昭襄王挺稀奇地问："孟尝君又是怎么样的人？"向寿说："孟尝君田文继承他父亲田婴做了薛公（薛，在今山东省滕州市东南；田婴封于薛，叫薛公，田文继承他父亲，也叫薛公），就大兴土木，修盖房子，招待天下豪杰。只要是投奔他的，他都收留。他自己吃、喝、穿戴跟住处，全跟大伙儿一样。孟尝君的家当可就很快花完了。门客的饭食，当然也不能再像先前那样丰富了。听说有一天晚上，有个客人见了那种饭菜，心里不高兴。可巧他瞧见孟尝君独自一个人在上边正吃得挺香。他一想主人吃的准是山珍海味。他发了脾气，扔下筷子，说：'岂有此理！我干什么上这儿来吃这种东西？'孟尝君连忙拦住他，端着自己的饭菜让他瞧。这位门客一瞧，原来主人吃的跟他的一个样，这才叹了口气，说：'孟尝君这么真心诚意地待我，我还起疑心，我简直是个小人，还有什么脸在这儿住着呢？'说着，他就拔出宝剑，自杀了。"秦昭襄王说："我挺尊重这种人，怎么能把他请到秦国来呢？"向寿说："这没有什么难事。要是大王能够打发自己的子弟上齐国去做抵押，然后请孟尝君上这儿来，我想齐国是不能不答应的。等到孟尝君到了这儿，大王拜他为丞相，齐国当然也不好意思不拜咱们的人当齐国的相国。这么着，秦国跟齐国联合到一块儿，要打算收服诸侯，事情可就好办得多了。"秦昭襄王真就打发自己的兄弟泾阳君到齐国去做抵押，请孟尝君上咸阳来。就在这短短的几天，孟尝君和泾阳君交上了朋友。齐宣王在公元前301年死了，他儿子即位，就是齐湣王。齐湣王不敢得罪秦国，只好叫孟尝君上秦国去。后来大臣当中有人对齐湣王说："大王既然成心跟秦国结交，何必把泾阳君留着做抵押呢？"齐湣王就把泾阳君送走了。

孟尝君带着一大帮门客，一块儿上咸阳去。秦昭襄王亲自去迎接他。他见孟尝君威风凛凛，仪表不凡，不由得更加敬仰起来。两个人说了一些彼此敬仰的话。孟尝君奉上一件纯白的狐狸皮袍子，作为见面礼。秦昭襄王知道这是挺名贵的银狐，当时就挺得意地穿上，向宫里的美人们夸耀了半天。那时候天还暖和，他就把袍子脱下来交给手下的人好好地收藏起来。

孟尝君和他的那些门客到了咸阳之后，就有一批秦国的大臣怕秦王重用他，背地里商量怎样排挤他。秦王打算择个日子拜孟尝君当丞相。樗里疾首先反对说："田文是齐国的贵族，手下的人又多，他当了秦国的丞相，准得先替齐国打算。他要仗着他丞相的权力暗中谋害秦国，秦国不就危险了吗？"秦昭襄王说："那么，还是把他送回去吧！"樗里疾说："他在这儿已经住了不少日子，秦国的事，他差不多全都知道了。哪能放他呢？不如杀了他，倒干脆，免得将来有后患。"秦昭襄王觉得不能杀，可也不能放，就先把孟尝君软禁起来。

泾阳君为了建立自己的势力，在齐国的时候，跟孟尝君已经交上了朋友。这会儿一听说秦王要谋害他，就替他想法子。他带了两对玉璧送给秦王最宠爱的燕姬，请她想个法子。燕姬拿手托着下巴颏儿，装腔作势地说："叫我跟大王说句话倒是不难，你把这两对玉璧带回去，别的谢礼我不要，我只要一件银狐皮袍子就够了。"泾阳君把她的话告诉了孟尝君，孟尝君皱着眉头，说："就那么一件，已经送给秦王了，哪还能要回来呢？"当时就有个门客说："三讨不如一偷，我有办法。"他就跟管衣库的人做了朋友。

有一天晚上，这位门客从狗洞里爬进宫里去，找着了衣库去偷那件狐狸皮袍子。他掏出好些钥匙，正在开门的时候，看库的人醒了，咳嗽了一声。那个门客装狗叫，汪汪地叫了两声，看衣库的人就又睡着了。那位门客进了衣库，开了箱子，拿出那件狐狸皮袍子，然后又锁了箱子，关上库房，从狗洞里钻出来。

孟尝君得到了这件皮袍子，送给燕姬。燕姬得着了这件宝贝，就甜言蜜语地劝秦王把孟尝君放回去。秦王到了儿依了她，发下过关文书，让孟尝君回去。

孟尝君得到了文书，好像“漏网之鱼”，急急忙忙地往函谷关跑去。他怕秦王反悔，派人来追，又怕把守关口的人刁难他，就更名改姓，打扮成买卖人的样儿。他的门客中有个专门假造文书的，挺巧妙地把那过关文书上的名字改了。他们到了函谷关，正赶上半夜里。依照秦国的规矩，每天清早，关口要到鸡叫的时候才许放人。他们只好在关里等天亮。

那边樗里疾听说秦王把孟尝君放了，就去朝见秦昭襄王。他说让孟尝君回去，好比“纵虎归山”，将来准有后患。秦昭襄王果然后悔了，立刻派人去追。那追上去的人赶到函谷关，查问守关的人，说：“孟尝君过去了没有？”他说：“没有。”还拿出过关文书让他们瞧，果然没有孟尝君的名字。他们才放了心：大概孟尝君还没到。

等了半天，孟尝君还没来，他们有点起疑，就跟守关的人说明了孟尝君的长相，还有他带着的门客的人数、车马的样子。守关的人说：“哦！有，有！他们早就过去了，是第一批过的关。”

他们又问："你什么时候开的城门？我们到这儿，什么都还看不清楚呢。难道你半夜就把城门开了吗？"守关的人一愣，说："我们也正在纳闷儿哪！城门是鸡叫的时候才开的，可是待了半天，东方才发白。我们还纳闷儿，今天太阳怎么出来得这么晚？"他们哪儿知道孟尝君的门客之中各色各样的人都有：有会学狗叫唤的，也有会学鸡叫唤的，还有会挖补文书的。孟尝君算计着秦王准得派人追上来，大伙儿愁眉苦脸地正在恨老天爷怎么还不叫天快点亮，忽然这些门客里有人捏着鼻子学起公鸡打鸣儿来了。接着一声跟着一声的，好像有好几只公鸡叫着，紧跟着关里的公鸡全都叫起来了。关上的士兵就开了城门，验过了孟尝君的过关文书，让他们出了关口。

第二十二章 收账烧债券

孟尝君逃回齐国，齐湣王好像丢了的宝贝又找着了那么高兴，仍旧请他做相国。秦国因为齐国远在东方，不便再去找麻烦，两国总算相安无事。

孟尝君比以前更有钱了，门客也越来越多，他就把门客的待遇分为三等：头等门客吃的是鱼肉，出去有车马；二等门客吃的也是鱼肉，可没有车马；三等门客只吃些粗菜淡饭，反正饿不着就是了。他一个人要供给三千多门客的吃、喝、住，当然不能单靠他的俸禄。他就在自己的封地薛城向老百姓放账。这种高利贷的进项就用来补助他养门客的一部分费用。可是薛城的人在这种高利贷的压迫之下，就喘不过气来了。孟尝君一心只顾着养活门客，哪能替老百姓着想呢？

有一天，招待门客的总管对孟尝君说："下一个月的开支不太够了，请打发人到薛城去收账吧。"孟尝君问他："叫谁去呢？"总管说："早先老拍着宝剑唱歌的那位冯先生，在这儿待了一年多了，还没做过事。我瞧他人倒挺诚实可靠，不如叫他走一趟吧。"孟尝君就打发冯驩（huān）上薛城去收账。

冯驩是齐国人，当初穿着一双破破烂烂的草鞋来见孟尝君。孟尝君问他有什么本事。他说："没有什么本事。听说凡是投奔您这儿来的，您都收留。我为了穷得没饭吃，才投奔到您这儿来。"孟尝君点点头，收留了他，把他安排在三等门客里头。过了十几天，孟尝君问总管："那位新来的客人都做些什么事？"他说："冯先生穷得要命，他只有一把宝剑，连个鞘（qiào）也没有，只用绳子拴着挂在腰里。他每回吃完了饭，老拍着宝剑唱歌。什么'吃饭没有鱼，宝剑哪，你还不如回去！'"孟尝君说："就给他鱼吃吧！"冯驩就升为二等门客，吃鱼、吃肉了。又过了几天，孟尝君又问总管："冯先生满意了吧？"他说："我想他总该满意了。可是他每逢吃完了饭，还是拍着宝剑唱歌，什么'出门没有车，宝剑哪，你还不如回去！'"孟尝君愣了愣，他想："他原来要当上等门客，看样儿准是个有本事的。"回头跟总管说："把冯先生升为上等门客，你留心他的行动，听他还说什么，再来告诉我。"又过了五六天，总管来报告孟尝君，说："冯先生又唱上歌儿了。这回是，'不能养活家，宝剑哪，还是回去吧！'"孟尝君问冯驩家里还有什么人，他说还有个母亲。孟尝君叫人去供养冯驩的母亲。冯驩这才消停地住下去了。

这回孟尝君叫他到薛城去收账，冯驩就问："顺便买些什么东西回来？"孟尝君随口回答了一句："这儿短什么，就买些什么。您瞧着办吧。"冯驩坐着车马上薛城去收利钱。薛城的人民听说孟尝君派了一个上等门客来收账，大伙儿吓得叫苦连天。有的竟打算躲到别的地方去，有的托人去说情，缓些日子。等到冯驩要老百姓付账的第一天，只有一些个比较宽裕的人家给了利钱。冯驩一算计，已经收了十万。他就拿出一笔钱来买了好些牛肉跟酒，出了一个通告，说："凡是欠孟尝君钱的，不论能还不能还，明天都来把账对一对，大伙儿聚在一块儿吃一顿。"

第二天，那些该账的老百姓都来了。冯驩一个个地招待他们，还请他们喝酒、吃饭。大伙儿吃得酒足饭饱。冯驩就根据债券一个一个地问了一遍。有的请求延期，冯驩就在债券上批上。有的说不准什么时候能还，冯驩就把这些个搁在一边。等到债券批完之后，堆在一边的倒有一大半。刚才欢天喜地地喝酒吃饭的老百姓，这时候全都哭丧着脸，跪在冯驩跟前，一个个地哀求着他，说：

"今年年成不好，我们连饭都吃不上。"

"我妈死了，连棺材还没有呢！"

"我已经交了好几年的利钱，交的利钱比本钱都多了，今年实在不能给了。"

"我的孩子病着，抓药的钱都没有！"

"我的媳妇难产……"

冯驩不愿意再听下去了。他叫人拿火来，把这一大堆的债券全都烧了。他替孟尝君收买人心，对他们说："孟尝君放给你们账，

原本是实心实意地救济你们，他并不贪图利钱。可是他收留着好几千人，光靠他的俸禄哪够呢？这才不得不来收利钱。如今我已经查明白了。那些能够给的，再缓一期，将来再给。那些给不了的，烧了债券，一概免了！”众人连连磕头，好像疯了似的嚷着说：“孟尝君是我们的恩人！”“孟尝君是我们的救星！”

冯驩回来，把收账的经过报告给孟尝君听。孟尝君听了，脸上变了颜色，说：“您怎么花了这些钱，又打酒又买肉的，还把债券烧了！我请您去收账，您收了些什么回来呢？”冯驩回答说：“您别生气，我说给您听。没有酒给他们喝，没有肉给他们吃，他们哪能都来？他们不来，我上哪儿去查看他们的情况？如今那些请求延期的，将来准能还清。那些实在穷得还不了的，就是您留着债券，再过十年，利钱越来越多，一辈子也还不了，反倒把他们逼得跑到别的地方去了。这些债券简直没有用，还不如烧了倒干脆。您要是拿势力去逼他们，利钱也许能够多少收回点，可是民心就丢了。您说过，‘这儿短什么，就买些什么’。我觉得这儿短的，就是对老百姓的情义，我就买了情义回来。我敢说，收回民心要比收回利钱强得多呢！”孟尝君无可奈何地向他拱了拱手，说：“先生眼光远大，佩服！佩服！”

第二十三章 狡兔三窟

冯驩虽然没收回账来，可是孟尝君的名声更大了。秦昭襄王没能追上孟尝君，本来已经不高兴了，如今听说齐湣王又重用了他，更担了一份心。他就暗中打发心腹上齐国去散布谣言，说："孟尝君收买人心，齐国的人光知道有孟尝君，不知道有齐王。孟尝君眼瞧着快要当上齐国的君王了。"他又打发使臣上楚国去对楚顷襄王说："楚王死在敝国，实在是敝国上了齐国的当。秦王屡次三番要把楚王送回去，都给孟尝君拦住了。他如今执掌着齐国的大权，听说就要当齐王了。他要当上齐王，准得来打贵国和敝国。敝国情愿跟贵国联合起来，一块儿对抗孟尝君。请大王别计较以往，重新跟敝国和好吧。"

楚顷襄王听了秦国使臣的话，也打发人上齐国去散布谣言。齐湣王听见这些谣言，果然起了疑，收回了孟尝君的相印，叫他回到薛城去。

“树倒猢狲散”，孟尝君革了职，那些门客全都散了。孟尝君觉得挺凄凉。只有这位收账的冯先生还一步不离地跟着他，替他赶车，一块儿上薛城去。薛城的老百姓一听说孟尝君来了，男男女女、老老少少，都来迎接他。有的带了一只鸡，有的拿着一瓶酒，有的拿着牛肉，有的提着一筐子鸡子儿。大伙儿连拥带挤地都来献给孟尝君。孟尝君一见，感动得掉下眼泪来。他对冯驩说：“这就是先生给我买来的情义呀！”冯驩说：“这一点算得了什么？如今您能安居的地方只有这个薛城。俗语说，‘狡兔三窟’，您至少得有三个能安身的地方才能踏实。您要是能借给我这辆车马，让我上秦国去一趟，我准能再叫齐王重用您，增加您的俸禄。那时候薛城、咸阳、临淄三个地方，都会欢迎您。好不好？”孟尝君说：“全凭先生！”

冯驩到了咸阳，对秦昭襄王说：“如今天下有才干的人，不投奔秦国就投奔齐国。上秦国来的都想叫秦国强，齐国弱；上齐国去的都想叫齐国强，秦国弱。可见当今之世，不是秦国得天下，就是齐国得天下，这两个大国是势不两立的。”秦昭襄王听了他的话之后，您猜怎么着？他跪起来了，说：“先生有什么计策能叫秦国强大呢？”冯驩连忙请他坐下，说：“齐国把孟尝君革了职，大王知道了吗？”秦王装模作样地说：“我听说倒是听说了，可不大清楚。”冯驩说：“齐国能够有现在这样的地位，全仗着孟尝君。

如今齐王听了谣言，革了他的官职，收回了相印。他这么以怨报德地对待孟尝君，孟尝君当然也怨恨齐王。大王趁着他怨恨齐王的时候，赶紧把他请来。要是他能够给大王出力，还怕齐国不来归附吗？齐国要一归附，天下可就是秦国的了。大王赶紧派人用车马带着礼物上薛城去请他，还来得及。万一齐王反悔，再拜他为相国，齐国可又要跟秦国争高低了。”

这时候正巧樗里疾死了，秦王正要找人才，就依了冯驩的话，派使臣带了十辆车马，一百斤黄金，用迎接丞相的仪式上薛城去迎接孟尝君。冯驩就告辞了，他说：“我先回去告诉孟尝君一声，免得临时匆促。”

冯驩来不及去报告孟尝君，就急急忙忙地径直到了临淄，求见齐湣王。他对齐湣王说：“齐国跟秦国是势不两立的两个大国，谁要是得到人才，谁就能够号令天下。我在道儿上听说秦国暗中去拉拢孟尝君，派使臣带了十辆车马，一百斤黄金，用迎接丞相的仪式上薛城去迎接他。真要是孟尝君当上了秦国的丞相去号令天下，临淄、即墨不就危险了吗？”齐湣王真没防到这一招儿，挺着急地说：“怎么办呢？”冯驩说：“不能再耽误了，趁着秦国的人还没到，赶紧先恢复孟尝君的官职，再加封给他一些土地，孟尝君准乐意。他做了相国，难道说秦国没得到大王的认可，就可以随便接走人家的大臣吗？”

齐湣王答应重新重用孟尝君。可是他嘴里虽是答应了，心里头还有点疑惑。他背地里派人上边境去打听秦国的动静。派去的人一到了边界上，就见那边大队的车马已经来了，一问果然是来接孟尝君的。他就连夜赶回临淄，向齐湣王报告。齐湣王连忙吩咐冯驩带了节杖去接孟尝君来做相国，另外又封给他一千户的土地。赶到秦国的使臣到了薛城，孟尝君已经官复原职了。秦国的使臣白跑了一趟。秦昭襄王只怪自己晚了一步。

早已散了的门客一听说孟尝君又当上了相国，争先恐后地都回来了。孟尝君生了大气，他跟冯驩说："哼！他们还有脸来见我？"冯驩说："人情本来就是这样的。倒不如好好地招待他们吧！"孟尝君向冯驩拜了一拜，说："先生的话对。我就收留他们吧。"

孟尝君官复原职以后，秦昭襄王接连打败了韩国和魏国，占领了好几百里土地，就觉得秦国不应该再跟其余的六国并列着。七国的诸侯都称为"王"，怎么能够分别出来呢？秦昭襄王要把"王"改称为"帝"，可是他又不敢单独行动，就在公元前288年（周赧王二十七年，秦昭襄王十九年，齐湣王三十六年），派使臣上齐国去，请齐湣王也称为"帝"：秦王号令西方，称为"西帝"；齐王号令东方，称为"东帝"。这么着，秦国和齐国就能平分天下了。齐湣王听了秦国使臣的话，一时拿不定主意，就问孟尝君。孟尝君说："诸侯没有不恨秦国的，大王千万别跟他一块儿干。"

待了一个月，秦国又派使臣来约会齐国一块儿去打赵国。可巧苏秦的兄弟苏代从燕国到齐国来。齐湣王问他对于改"王"为"帝"和进攻赵国的意见。苏代说："秦国只请大王称帝，原是尊重贵国。不答应呢，得罪了秦国；答应呢，可就得罪了诸侯。我想还不如答应秦国所给的'帝号'，可先别公开称呼。秦王改称了，让他先试试。要是秦国称帝之后，诸侯不反对，大王再称'帝'

也不晚。说到去打赵国，实在没有名目。赵国离秦国近，离齐国远，大王要是帮秦国去打赵国，打了胜仗，得到土地的是秦国，对齐国有什么好处呢？要打还不如去打邻近的宋国。宋王无道，宋国的人都管他叫‘暴君’。大王要打宋国，一来有征伐暴君的名目，二来有扩展土地的好处。这是一举两得的事情。”齐滑王挺赞成苏代的话，就接受了帝号，可是不公开用，准备去打宋国的暴君。后来“东帝”“西帝”的称号用了两个月，就都取消了，仍然恢复了“秦王”“齐王”的称号。

话说，从孟尝君回到齐国后，他的名声就越来越高，权力也越来越大，以致天下人只知道齐国有孟尝君而不知道齐王。齐滑王感受到了来自田文的威胁，找了个借口，嫁祸给孟尝君，又把孟尝君赶到了魏国。

第二十四章 千金买骨

燕国在公元前314年因为相国篡位，起了内乱。齐宣王趁火打劫，借着平定燕国内乱的名义，派大将匡章把它灭了。后来燕国人发起了一个复国运动，找到了从前的太子，公推他为国君，就是燕昭王。各地原来投降了齐国的将士们也都反对齐国，把齐国人轰出去，归顺了燕昭王。匡章没法镇压，只好退回齐国去。燕昭王回到了都城，修理宗庙，整顿政治，立志要向齐国报仇。

燕昭王对相国郭隗说："我成天成夜地想到燕国的耻辱，有谁替国家出力报仇呢？要是有人能这样做，我情愿去伺候他。这事请相国替我打算打算，怎么样去搜罗天下人才。"郭隗先替自己打算，他回答说："从前有位国君，他拿出一千两金子，派人去买千里马。那个人跑了好些地方，最后花了五百两金子，买了一匹千里马的骨头回来。国君骂他，说：‘你这个傻瓜！死马的骨头有什么用呢？也值得花这么些金子？’他说：‘这是千里马的骨头哇！当时我就听见大伙儿说，死的千里马还这么值钱，别说活的了。为这个，我相信往后准能有人把千里马献上来的。’果然，不到一年工夫，那位国君得到了三匹千里马。从这件事上看来，大王要搜罗天下人才，请先把我当作死马，活的千里马准能献上来的。”

燕昭王还真给郭隗起造了一所挺精美的房子，自己就像徒弟似的伺候他，听他的教导。又在易山（在今河北省易县地界）旁边盖了一座高台，里头堆着黄金，作为招待客人的费用和礼物。这座台就叫“黄金台”。这么一来，燕昭王招待客人的真心实意可就传遍了天下。好些有才干的人从各地跑到燕国去。比方说，从赵国去的有剧辛；从洛阳去的有苏代；从齐国去的有邹衍；从卫国去的有屈庸；从魏国去的有乐毅。真是“人才济济”！燕昭王都拜他们为“客卿”。其中最受燕昭王重用的要算乐毅。

乐毅是赵国人，就是当初魏文侯所重用的那个治理中山的乐羊的后代。后来中山给赵武灵王并吞了，乐羊的子孙做了赵国人。在赵主父遇上内乱的时候，乐毅跑到大梁，就在魏国当了大夫。有一回，乐毅做了魏国的使臣上燕国去，燕昭王挺恭敬地招待着，把他当作知心朋友，挺直率地把燕国的委屈跟他说了，一心打算向齐国报仇，希望乐毅帮他完成这个志愿。乐毅知道这是国家的机密，不能随便跟人家谈的。燕昭王把心事全告诉了乐毅，乐毅

把他当作知己，就留在燕国。燕昭王请他训练兵马。

这回燕昭王听说齐湣王轰走了孟尝君，虐待百姓，还想去进攻天王。他就对乐毅说：“燕国受了齐国的欺负，到如今已经二十八年了。请先生想想，二十八年了呀！天天太阳一出来，我就带着满肚子的冤仇起来；太阳落了，我的冤仇可不能下去。我天天想替先王报仇，可就是不敢轻举妄动。如今齐王无道，国里失了民心，国外又跟诸侯结下了冤仇，这正是老天爷要灭齐国的时候了。我打算发动全国的军队去跟齐国以死相拼，先生您看怎么样？”乐毅回答说：“齐国地大人多，很有点实力，咱们单个儿去攻打，怕办不到。大王要去征伐齐国，必须联络别的国家。列国之中跟咱们紧挨着的是赵国。大王要跟赵国一联合，韩国准会加入。孟尝君在魏国也正恨着齐国，他也许会请魏王帮助咱们。这样，燕国联合了赵、韩、魏，四国一块儿去征伐齐国，准能把齐国打败。”

燕昭王就请乐毅上赵国去接头。赵平原君替他在赵惠文王跟前说了一遍，赵惠文王答应了。可巧秦国的使者也在那儿，乐毅跟他说起去打齐国的好处。秦国的使者回去报告了秦昭襄王。秦昭襄王正怕齐国太强大，这会儿也愿意帮帮燕国。同时，燕昭王请剧辛去见魏昭王（魏襄王的儿子，魏惠王的孙子）。剧辛先跟魏公子无忌接头，公子无忌果然也赞成发兵，还帮他去约会韩国。这么一来，燕国联络了赵、魏、韩、秦四个国家一同去攻打齐国，军事方面就有了挺大的把握。

第二十五章 大王的架子

公元前 284 年（周赧王三十一年），燕国的大将乐毅、秦国的大将白起、赵国的大将廉颇、韩国的大将暴鸢（yuān）、魏国的大将晋鄙，个人带着本国的兵马，按照约定的日子会合到一起。燕国的乐毅当了上将军，统率着五国的兵马，浩浩荡荡地向齐国进攻。

齐湣王一听说五国的军队一起来打齐国，就亲自带着大队人马，赶到济水的西边去对敌。上将军乐毅老跑在赵、韩、魏、秦各国兵马的头里，到最接近敌人的地方去指挥作战。四国的将士一见，个个拼命往前打，把齐国的军队打得死的死、伤的伤，剩下的只能往后退。齐湣王大败，跑回临淄，派人连夜上楚国去求救兵，愿意把淮北一带的土地送给楚王，作为谢礼。

赵、韩、魏、秦这四国的将士打了几回胜仗，各自占领了齐国的几座城，就心满意足地驻扎下来，不愿意再接着往下打了。乐毅认为夺下来的城由他们几国守住，也挺好。他自己带着本国的军队接连着往下打。沿路宣扬燕国军队的纪律，安抚齐国的人民，挺顺利地一直打到齐国的都城临淄。

齐湣王急得没有办法，只好带着几十个亲信的文武大臣，偷偷地从北门逃出去，跑到卫国去了。卫国原本是个小国，这时候，只剩了濮阳（在今河南省清丰县西南）一块地盘了，哪敢得罪大国的君王呢？卫君挺恭敬地好像臣下伺候君王一样地招待着齐湣王。齐湣王为了要摆出大王的架子，鼓着肚子往朝堂上一坐。他见了那个跪在他下边的卫君，连理也不理。这种神气简直把卫国的大臣们气炸了肺。他们虽说是小国的臣下，可是打打落水狗的胆量还是有的。当天晚上齐湣王的行李就给人拿走了。第二天，他肚子饿了也没有人去理他。他知道情形不对，再待下去非得受到卫国的暗算不可，就没精打采地带着大臣夷维子、太子法章等几个人，慌里慌张地跑了。其余的人他也顾不得了。

他们跑到鲁国的郊外，鲁君派人去迎接，首先碰上了夷维子。夷维子是个老牌走狗。他懂得怎么样对傲慢的主人摇头摆尾，怎么样对谦虚的底下人汪汪乱叫。他叫鲁君像招待天王一样地来招待齐王，鲁国的君王一听，觉得又可笑，又可气，干脆把城门一关，让他们爱怎么着就怎么着。齐湣王没法儿，只好跑到别处去了。可是谁也不敢迎接这位爱摆臭架子的“天王”。这一下，他可急得走投无路了。夷维子说:“听说莒城还没丢,不如先上那边去吧!”他们到了莒城,在那儿招兵买马,准备把守这座城。

乐毅把临淄打下来了,就把齐国的库房和当初齐国从燕国抢去的财宝,都弄到燕国去。燕昭王亲自跑到济水来慰劳将士,把昌国城(在今山东省淄博市淄川东北)封给乐毅,称他为昌国君,又叫他再去攻打齐国其余的地方,自己先回去了。

乐毅出兵也就有半年工夫,接连打下了齐国七十多个城,光剩下莒城和即墨这两处还顽强地抵抗着。乐毅一想:“单靠着武力,收服不了齐国的民心。民心不服,就算把齐国全打下来,也守不住。好在齐国只剩了两座城了,也不能再成什么大事,不如拿恩德去打动齐国人,叫他们自己来投降。”他就做出几件讨好齐国人的事情来。他废除当初齐王所定的苛刻的法令;减轻人民的捐税;尊重他们的风俗习惯;保存他们固有的文化;优待地方上的名流;给齐桓公修建庙宇,还郑重其事地祭祀他。齐国的大小官员们一见燕国人这么对待他们,果然挺感激。尤其是祭祀齐桓公这件大事,更叫他们受到挺大的感动。你瞧咱们虽说亡了国,可是敌人倒先向咱们的先君磕头下跪,这多么体面哪!只有莒城和即墨还顽强地守着,一心一意地等着楚国的救兵。

楚顷襄王见齐国的使者来求救兵,还把淮北的土地送给他作为谢礼,他就派大将淖齿带着二十万大军先去接收淮北,对他说:“只要对楚国有利,你只管瞧着办。”

淖齿到了莒城,齐湣王高兴得好像得到了一位救命恩人似的,立刻拜他为相国,请他主持抵抗敌人的大事。齐湣王到了这步田地，还不改变他那种独断独行的做法，还不愿意听一听别人的意见，还不愿意使用齐国人自己的力量，还痴心妄想地等着别国的军队替他打胜仗。淖齿一见燕国军队那么强盛，反倒暗中打发心腹去见乐毅，说："大将淖齿愿意帮着贵国把齐国灭了。事成之后，请贵国让他做齐王。"乐毅答应了。

淖齿跟乐毅接头之后，就在离莒城几里地的鼓里操练兵马，请齐湣王去检阅。齐湣王得意扬扬地带着夷维子到了鼓里。只见楚军士气旺盛，配备整齐，不由得又摆起大王的架子来了。正在他得意的当儿，淖齿叫人把他绑起来，宣布他的罪状。齐湣王低着脑袋，一声不言语。夷维子抱着他哭了一顿。那位救命恩人可就变成了阎王爷，先把夷维子杀了，然后又杀了齐湣王。

第二十六章 善始未必善终

齐湣王死了以后，逃散了的那些大臣也前前后后跑到莒城来了。他们找到了躲在太史敫的家里做奴仆的太子法章，连忙派来车马，用挺隆重的仪式来迎接他，立他为齐王。

乐毅围困着莒城和即墨整整三年，压根儿就没法打下来。他既然采用王道，就下令退兵，大军扎在离城十来里的地方。又下了一道命令，说：“城里的老百姓出来打柴，就让他们随便来往，不准留难。瞧见挨饿的，给他们吃；瞧见受冻的，给他们穿。”要是燕国的君臣能够相信乐毅到底，实行收服人心的办法，那么莒城和即墨的抵抗也许长久不了。可是有人从中破坏，辜负了乐毅的一番苦心。

燕昭王始终认为乐毅是知己，乐毅也真心实意地去报答他。可是燕国的大夫骑劫，因为自己有点武艺，又懂得点兵法，早想拿到兵权。就因为在他上面还有乐毅，他不能顶上去。

骑劫和燕太子一向亲密，就对他说："齐王已经死了，齐国就剩了莒城跟即墨两处，其余的地界全在燕国军队的手里。乐毅能在半年之内打下了七十多个城，为什么费了好几年工夫还打不下这两座城来呢？这里头准有鬼。"太子点了点头，没言语。骑劫接着又说："他要是诚心打下这两座城，早就可以打下来了。听说他怕齐国人心不服，因此想拿恩德去感化他们。等到齐国人真正归附了他，他不就当上齐王了吗？他再要回燕国来当臣下才怪呢！"太子把这话告诉了燕昭王。燕昭王一听，蹦了起来，怒气冲冲地打了太子二十板子，骂他是个忘恩负义的畜生。他说："先王的仇是谁给咱们报的？昌国君的功劳简直没法儿说。咱们把他当作恩人还怕不够尊敬，你们还要给他说坏话？就是他真做了齐王，也是应该的呀！"

燕昭王责打太子之后，派使者拿了节杖上临淄去见乐毅，立他为齐王。乐毅非常感激燕昭王的心意，可是他对天起誓，情愿死，也不愿接受这封王的命令。使者回报燕昭王。燕昭王感动得直流眼泪。

可是太子为了乐毅挨了二十板子。这件事，虽说他不愿意计较，可也没法忘了。公元前279年（周赧王三十六年，燕昭王三十三年，齐襄王五年，楚顷襄王二十年，赵惠文王二十年，秦昭襄王二十八年），燕昭王死了。太子即位，就是燕惠王。俗语说，"一朝天子一朝臣”，燕惠王信任骑劫，正像燕昭王信任乐毅一样。他还算顾全大局，没把乐毅当作仇人。可是燕国人已经上了齐国人的当，听信他们散布的谣言，三三两两地传着说：“乐毅本来早就当了齐王了，为了不辜负先王，就没敢做王。如今新王即位，乐毅可就要做齐王了。要是新王另外派个将军来，莒城跟即墨准得完了！”

燕惠王听信了这种流言，就把乐毅调回来，派骑劫为大将去接替乐毅。

乐毅倒是比伍子胥更有见识，他相信“善始者不必善终”，再说他和燕昭王的交情可以说已经是有始有终的了。要是他回到燕国，万一给新王杀了，丧了一条命倒不算什么，只是太对不起燕昭王了。末了他说：“我原本是赵国人，还是回老家去吧。”他就逃到赵国。赵惠文王封他为望诸君。

骑劫当了大将，接收了乐毅的军队。他有他的一套。他把乐毅的命令全改了。燕军都有点不服气，可是大伙儿敢怒而不敢言。骑劫到了大营，休息了三天，就去围攻即墨，围了好几层，可是城里早就有了准备。守城的将军田单，把决战的步骤已经很周密地布置好了。

第二十七章 火牛阵

田单是齐国田氏远房的贵族。齐湣王在世的时候，他在临淄是个无声无息的小官。赶到燕军打到临淄的时候，城里的人纷纷往外逃难。他也随着本族的人坐着车逃到安平（在今山东省淄博市临淄东）。这回逃难给了他一个新的想头。他觉得车轴在车轱辘外面伸出一个头来，不光太占地方，还容易损坏。他把本族的车全改了，把车轱辘外头伸出的那截轴头锯短了，再拿铁皮把车轴包上。这种小小的改革正跟赵武灵王把长袖子改为短袖子一样，只是为了方便罢了。可是也有人讥笑他，说："把车轴头锯得那么短，还像个什么样儿呢？"日子不多，燕军攻破了安平，安平人争先恐后地乱跑，路上车辆拥挤得像打转的牛阵。车轴头伸在外面老碰着别的车辆，有的车动不了啦，有的刹不住车，车轴折了翻了车。那些讥笑过田单的人有不少给燕军俘虏去了。田单这族人因为有了这小小的一点改革，居然脱险逃到即墨。为这个，田单出了名。

接着，燕国军队来打即墨。即墨大夫出去一打，打了败仗，受了重伤，没多大会儿死了。城里没有人主持，军队没有人带领，差点乱起来。大伙儿就公推田单为将军，才有个带头的人。田单亲自操作，跟士兵们同甘共苦，又把本族人和自己的妻子也都编在队伍里。即墨的人见他有这种忘我的精神，特别佩服他。

田单知道乐毅的本领，不敢出去跟他开战，老是挺严实地把守着城。等到燕惠王一即位，田单就钻了空子，暗中派人上燕国到处散布谣言。燕惠王果然派骑劫去打即墨。田单头一步“挑拨是非，离间君臣”的计策办到了。他又利用军队里的迷信，向士兵们报告，说：“老天爷在梦里跟我说了，齐国还能够强起来，燕国准得败落；再过几天，老天爷一定派个军师来，敌人就快打败仗了。”

田单在军队里挑了一个挺机灵的小兵，叫他装作“老天爷的军师”，给他穿上特别的衣裳，叫他朝南坐着。以后田单每逢下令，先去禀告“军师”，这个命令就格外受到尊敬。他对城里的老百姓说：“军师嘱咐说，‘在吃早饭跟吃晚饭的时候，先得祭祖宗，祖宗的神灵就来帮助咱们’。祭祖挺简便，只要在房檐上搁上一点点儿吃食就行。”城外燕国人听说城里来了一位老天爷的军师，已经有点害怕了，后来又瞧见好些鸟儿天天早晚两趟飞到城里去，就更加害怕起来了。彼此传说着，“老天爷帮助齐国，咱们可有什么办法呢？”

田单还叫几个心腹到城外去谈论。他们说：“从前昌国君太好了，抓了俘虏还好好地待他们，城里的人当然不怕了。要是燕国人把俘虏的鼻子削去，齐国人还敢打仗吗？”有的说：“我们祖宗的坟都在城外，燕国军队要真刨起坟来，可怎么办呢？”这种仨一群儿、俩一伙儿的谈论传到了骑劫的兵营里。骑劫听见了这些话，就真把齐国俘虏的鼻子都削去，又叫士兵把齐国城外的坟都刨了，把死人的骨头拿火烧了。即墨的人听说燕国军队这样虐待俘虏，全愤恨起来。后来他们在城头上瞧见燕国的士兵刨他们的祖坟，就都哭了，咬牙切齿地痛恨敌人，大伙儿全都一心一意地要替祖宗报仇。

即墨的士兵们和群众都纷纷向田单请求，一定要跟燕国人拼个死活。田单就挑选了五千名勇士，一千头牛，先训练起来，叫老头儿和妇女们在城头上值班。他又搜集了民间的金子，派几个人装作即墨城里的富翁，偷偷地给骑劫送去，说：“城里粮食已经完了，不出三天就得投降。贵国军队进城的时候，请求您保全我们的家小。”骑劫欢天喜地地满口答应，还交给他们几十面小旗子，叫他们插在门上，作为记号。骑劫得意扬扬地跟将士们说：“我比乐毅怎么样？”他们说：“强得多了！”这样一来，燕军净等着田单来投降，用不着再打仗了。

那些派去的人回来报告了田单以后，田单就把那一千头牛打扮起来。牛身上披着一件褂子，上面画着红红绿绿、稀奇古怪的花样；牛犄角上捆着两把尖刀；牛尾巴上系着一捆吃透了油的麻和苇子。这就是预备冲锋的牛队。那五千名“敢死队员”也都画上五色的花脸，一个个拿着大刀、阔斧跟在牛队后头。到了半夜里，拆了几十处城墙，把牛队赶到城外，牛尾巴上点起火来。牛尾巴一烧着了，它们可就犯了牛性子，一直向着燕国兵营冲过去。五千名“敢死队员”紧跟着杀上去。城里的老百姓狠命地敲着铜盆、铜壶，也随着跟到城外来呐喊。一刹那，震天动地的喊杀声夹着鼓声、铜器声，打破了黑夜的安静，吓醒了燕国人的好梦。大伙儿手忙脚乱，慌里慌张地找不着家伙了。睡眼蒙眬地一瞧，成千成万的怪物尾巴烧着火，脑袋上长着刀，已经冲过来了，后头还跟着一大群稀奇古怪的妖精。胆小的吓得腿也软了，走不动。逃命要紧，见了“老天爷的军师”派下来的鬼怪，哪还敢抵抗呢？别说一千对牛犄角上的刀扎伤了多少人，那五千名“敢死队员”砍死了多少人，就是燕国军队自己连闯带踩地一乱也够受的了。骑劫坐着车，打算杀出一条活路，正可巧碰上了田单。那个自认为比乐毅强得多的大将，就给田单像抹臭虫一样地抹死了。

田单整顿了队伍，接着还往下反攻。全国轰动起来。已经投降了燕国的将士一听到田单打了胜仗，燕国的大将已经死了，都准备归顺田单。田单的军队打到哪儿，哪儿的齐国人都打跑敌人，向本国返正。各地民众先后响应，田单的兵力就越来越大。不到几个月工夫，乐毅占领的七十多个城，全都收回来了。将士们和民众为了田单恢复了父母之邦，立了大功，要立他为齐王。田单说：“太子法章住在莒城，我是远族，哪能自立为王呢？”他就从莒

城把太子法章接到临淄来。择了个好日子，祭祀太庙，太子法章正式做了国君，就是齐襄王。

齐襄王对田单说："齐国已经亡了，全靠叔父重新建立起来，这个功劳实在太大了，叫我怎么来报答您呢？叔父早先在安平出了名，就封叔父为安平君吧。"田单当时谢了恩。齐襄王又拜王孙贾为亚卿。一边迎接了太史嬓的女儿，立她为王后。

燕惠王自从骑劫打了败仗之后，才想起了乐毅的好处，后悔也来不及了。他写信再去请乐毅来，乐毅回了他一封信，说明他不能回来的难处。燕王闷闷不乐，又怕乐毅在赵国怨恨他，就把他的儿子乐间封为昌国君。这样一来，乐毅像做了燕国跟赵国和好的中间人。末了儿他死在赵国。

赵国跟燕国和好的时候，秦国屡次三番地来侵犯赵国，可都给大将廉颇打回去了。秦昭襄王没法儿，只好假意跟赵国和好。他想用别的手段来收拾赵国。

第二十八章 完璧归赵

公元前283年（就是齐国人杀了淖齿立法章为齐王那一年），秦昭襄王听说赵王得着了“和氏璧”，他派使者带了国书去见赵惠文王，说秦王情愿拿出十五座城来换那块玉璧，希望赵王答应。赵惠文王就跟大臣们商量。想要答应秦国，又怕上当；要不答应，又怕秦国打进来。大伙儿计议了半天，还不能决定到底应当怎么办。赵惠文王问谁能够当使者上秦国去办这件事。他瞧了瞧大将廉颇，廉颇低着头不说话。

当时有个宦者令叫缪（miào）贤的，他对赵王说：“我有个门客叫蔺（lìn）相如，他是个挺有见识的谋士。我想，叫他上秦国去倒挺合适。”赵惠文王就把蔺相如召上来，问他：“秦王拿十五座城来换赵国的玉璧，先生认为是答应好呢，还是不答应好？”蔺相如说：“秦国强，咱们弱，不能不答应。”赵王接着又说：“要是把玉璧送了去，得不着城，怎么办呢？”蔺相如说：“秦国拿出十五座城来换一块玉璧，这个价钱总算够高的了。赵国要是不答应，错在赵国。要是大王把玉璧送去，秦国不交出城来，那么错在秦国了。我说，宁可叫秦国担这个错儿，咱们可不能不讲道理。”赵惠文王说：“先生能上秦国去一趟吗？”蔺相如说：“要是没有可派的人，那我就去一趟。秦国交了城，我就把玉璧留在秦国；不然的话，我一定完璧归赵。”赵惠文王当时就拜蔺相如为大夫，派他上秦国去。

蔺相如带着“和氏璧”到了咸阳。秦昭襄王听说赵国送玉璧来了，挺得意地坐在朝堂上。蔺相如恭恭敬敬地把玉璧献了上去。秦王看完了，挺高兴。他把玉璧递给左右，大伙儿传着看，又交给后宫的美人们瞧了一回，大臣们都给秦王庆贺，一齐欢呼万岁。蔺相如一个人冷冷清清地站在一边等着。等了老大半天，也不见秦王提起那交换城的事。他想：“秦王果然不是真心实意地想交换。可是玉璧已经到了他手里，怎么能拿回来呢？”他当时急中生智，上前对秦王说：“这块玉璧，虽说看着挺好，可是有点小毛病，别人不容易瞧出来，让我指给大王瞧一瞧。”秦王就叫手下的人把玉璧递给蔺相如。

蔺相如拿着玉璧，往后退了几步，靠着柱子，瞪着眼睛，气哼哼地对秦昭襄王说：“大王当初派使者送国书的时候，说是情愿拿出十五座城来换赵国的玉璧。赵国的大臣们都说：‘这是秦

国骗人的话，千万不能答应。’我可反对说：‘老百姓还讲信义，何况大国的君王？我们哪能拿小人的心思去瞎猜君子？’赵王这才斋戒了五天，然后叫我送了来，这是多么郑重的一回事。可是大王太不恭敬了，拿着这块玉璧随随便便地叫左右传着瞧，还送到后宫去给宫女们玩弄，没把它重视得像十五座城一样。从这点看来，我知道大王没有交换的真心实意。为这个，我把这块玉璧拿了回来。大王要是逼我的话，我宁可把我的脑袋跟这块玉璧在这根柱子上一块儿碰碎！”说话之间，他就拿起玉璧来，对着柱子要摔。秦昭襄王连忙向他赔不是，说：“大夫别错会了我的意思。我哪能说了不算呢？”他就叫大臣拿上地图来，指着说：“打这儿到那儿，一共十五座城，全给赵国。”蔺相如一想：“可别再上了他的当！”他就对秦王说：“好吧，不过赵王斋戒了五天，又在朝堂上举行了一个挺郑重的送玉璧的仪式。大王也应当斋戒五天，然后再举行一个接受玉璧的仪式。要这么恭恭敬敬地尽了礼，我才敢把玉璧奉上。”秦王说：“就这么办吧。”他只好叫人把蔺相如送到宾馆里去歇息。

蔺相如拿着那块玉璧到了宾馆里。他想：“过了五天，仍然得不到那十五座城，可怎么办呢？”他就叫一个手下的人扮作买卖人的样儿，把那块玉璧包着系在身上，偷偷地从小道跑回赵国去了。

过了五天，秦昭襄王召集大臣们和几个在秦国的别国的使者，大家伙儿都来参加接受玉璧的仪式。他想借着这个由头来向各国夸耀夸耀。朝堂上坐满了人，非常严肃。忽然传令官喊着说：“请赵国的使臣上殿！”蔺相如不慌不忙地走上殿，向着秦王行了礼。秦王见他空着两只手，就对他说：“我已经斋戒了五天，这会儿举行接受玉璧的仪式吧。”蔺相如说：“秦国自从穆公以来，前后二十多位君主没有一个不重用欺诈的人。孟明视欺骗了晋国，商鞅欺骗了魏国，张仪欺骗了楚国……过去的事一件一件地都在那儿摆着。我也怕受欺骗，对不起赵王，已经把那块玉璧送回赵国去了。请大王治我的罪吧！”秦王大发雷霆，嚷嚷着说：“你说我不恭敬，我就依了你的话斋戒了五天。今天举行仪式，你竟把玉璧送回赵国去了。是你欺骗了我，还是我欺骗了你？”他气呼呼地对底下人说：“把他绑上！”蔺相如脸不变色地对秦王说：“慢着！让我把话说完了。天下诸侯都知道秦是强国，赵是弱国；天下只有强国欺负弱国，绝没有弱国欺负强国的道理。大王真要那块玉璧的话，请先把那十五座城交割给赵国，然后再派使者跟我一块儿上赵国去取那块玉璧。赵国得到了十五座城之后，绝不能不顾信义，得罪大王的。我的话说完了，请把我杀了吧。好在各国的使者都在这儿。他们都知道是我得罪了大王，不是大王欺负了弱国的使者。”

秦国的大臣们听了这番话，你瞧着我、我瞧着你，大伙儿都不作声。各国的使者都替蔺相如捏着一把汗。两边武士正要去绑他，秦昭襄王喝住他们，说：“不许动手！”回头对蔺相如说：“我哪儿能欺负先生呢？一块玉璧不过是块玉璧，我们不应该为了这件小事儿，伤了两国的和气。”他挺尊敬地招待了蔺相如，让他回去。

秦昭襄王本来也不是一定要得到“和氏璧”的，不过要借着这件事去试探赵国的态度跟力量罢了。蔺相如这回的“完璧归赵”就表示了赵国不能屈服的决心。可是秦昭襄王总忘不了赵国。要是一个小小的赵国都收服不了，怎么还能够并吞六国呢？

第二十九章 渑池会

过了两年，秦国又去侵略赵国，夺了一座城。又过了一年，秦国又去打赵国。可是这都不能算是大规模的开战。秦昭襄王一想，老这么下去也不是个办法，索性跟赵国和好了吧。公元前 279 年（赵惠文王二十年，秦昭襄王二十八年），他请赵惠文王上西河外渑（miǎn）池（古城名，在今河南省洛阳市西）地方会面。赵惠文王怕像当初楚怀王似的当了秦国的“肉票”，不敢去。廉颇和蔺相如都认为要是不去反倒叫秦国看不起。赵惠文王准备硬着头皮去冒一趟险，叫蔺相如跟着他一块儿去，廉颇辅助太子，留在本国。平原君赵胜说：“最好挑选五千精兵作为随从，再把大队兵马驻扎在三十里外的地方，作为接应。”

赵惠文王就叫大将李牧带领着五千人，叫平原君带领着几万大军一块儿去。廉颇还觉得不大妥当。他对赵惠文王说："这回大王上秦国去，是凶是吉谁也不能断定。我想，在道上一去一来，加上两三天的会，至多也不过三十天工夫。要是过了十天，大王还不回来，能不能仿照楚国的办法，把太子立为国王，好叫秦国死了心，不能要挟大王。"赵惠文王也答应了。

到了约会的日期，秦昭襄王和赵惠文王在渑池相会，挺高兴地一边喝酒，一边闲谈，彼此都觉得相见恨晚。秦昭襄王喝了几盅酒，醉醺醺地对赵惠文王说："听说赵王挺喜欢音乐，弹得一手好瑟。我这儿有个宝瑟，请赵王弹个曲儿，给大伙儿凑个热闹！"赵惠文王脸红了，可不敢推辞，就弹了个曲儿。秦昭襄王称赞了一番。没想到秦国的御史当场就把这件事记了下来，念着说："某年某月某日，秦王和赵王在渑池相会，赵王给秦王弹瑟。"赵惠文王气得脸都紫了。赵国还没亡呢！秦王竟把赵王当作臣下看待，叫他弹就弹，还要把这种丢脸的事记在史书上，赵国的体面可丢尽了。可是赵惠文王没有反抗的能耐，只好忍受这件丢脸的事，把眼泪往肚子里咽。这时候，就见蔺相如拿着一个瓦盆，跪在秦昭襄王跟前，说："赵王听说秦王挺能演奏秦国的音乐，我这儿有个瓦盆，请秦王赏脸敲敲吧。"秦昭襄王立刻变了颜色，不理他。蔺相如的眼睛射出了正义的光辉，好像母鸡保护着小鸡对抗老鹰似的。他说："大王太欺负人了！秦国的兵力虽说强大，可是在这儿，五步之内，我就可以把我的血溅到大王身上去！"秦王一见他逼得这么紧，不得不屈服，只好拿起筷子来在瓦盆上敲了一下。

蔺相如回过头去叫赵国的御史也把这件事记下来，说："某年某月某日，赵王和秦王在渑池相会，秦王给赵王敲瓦盆。"

秦国的大臣眼瞧着蔺相如伤了秦王的体面，挺不服气，其中有几个大官站起来，说："请赵王割让十五座城给秦王祝寿！"蔺相如也站起来对着秦王说："请秦王割让咸阳给赵王祝寿！"这时候，秦昭襄王已经得到了密报，说赵国的大军驻扎在邻近的地方，他知道用武力也讨不到便宜，就喝住秦国的大臣，又请蔺相如坐下，和颜悦色地说："今天是两国君王欢聚的日子，诸位不必多言。"说着，他就给赵惠文王敬了一杯酒。赵惠文王也回敬了他一杯。两下里约定谁也不侵犯谁。

秦昭襄王又叫太子安国君的儿子异人，上赵国去做抵押。这样，赵惠文王挺有面子地回到赵国去了。可是秦国的大臣还不明白怎么把王孙送去做抵押呢？秦昭襄王知道赵国目前有人才，有实力，一时不好欺负，索性跟他结为兄弟。要结为兄弟，就得叫人真正相信。他命自己的孙子去做抵押，就是叫赵国一心一意地跟秦国交好。这么一来，秦国就能够踏踏实实地去打别的国家了。

第三十章 将相和

赵惠文王回到本国，正好是三十天工夫。打这儿起，他就更加重用蔺相如，拜他为上卿，地位比大将廉颇还高。这可把廉颇气坏了。他回到家里，满脸通红，气呼呼地对自己的门客说："我是赵国的大将，拼着命替赵国打仗，立了多少功劳！他呢，一个宦官手下的人，仗着一张嘴，有什么了不起的？倒爬到我的上头来了！有朝一日，他要碰在我的手里，哼！就给他个样儿瞧瞧！"早就有人把这话传到蔺相如的耳朵里，蔺相如就装病，不去上朝。就是有公事，也不跟廉颇见面。蔺相如手下的人都说他胆小，三三两两地谈论着，替他不服气。

有一天，蔺相如带着一群随从出去。真是冤

家路窄，老远就瞧见廉颇的车马迎面来了。他连忙叫赶车的退到东口，走另一条道儿。赶到他们退到东口，就瞧见廉颇的车马正从那边过来。蔺相如只好叫赶车的再退回西口。万没想到廉颇的车马很快地又把西口堵住了。蔺相如耐着性子，劝告手下的人叫赶车的退到小巷里去躲一躲，让廉颇的车马过去了再出来。这样一来，可把门客、底下人都气坏了，他们私下里开了个会，派几个领头的去见蔺相如，对他说："我们远离家乡，投奔在您的门下，还不是为了敬仰您吗？如今您和廉颇是同事，地位又比他高，他骂了您，您反倒怕了他，在朝上不敢跟他见面，半道上碰见他，也这么藏藏躲躲的，叫我们怎么忍受得了！要这么下去，人家还要骑在我们脖子上来呢！我们没有涵养，只好跟您告辞了！"蔺相如拦着他们，说："诸位看廉将军跟秦王哪个势力大？"他们说："那当然是秦王的势力大啊！"蔺相如说："对呀！天下的诸侯，哪个不怕秦王？哪个敢反对他？可是我蔺相如就敢在秦王的朝堂上当面骂他。怎么我见了廉将军反倒会怕了呢？你们替我抱不平，难道我自己就没有火气吗？可是各位要知道，那样强横的秦国为什么不敢来侵犯咱们赵国呢？还不是为了咱们同心协力地抵御敌人吗？要是两只老虎斗起来，准是'两败俱伤'，秦国听见之后，准得来侵犯赵国。为了这个缘故，我只好厚着脸皮，忍气吞声。你们想想，还是国家要紧呢，还是私人恩怨要紧呢？"他们听了这番话，一肚子的气全消了，打这儿就更加佩服蔺相如了。

后来蔺相如的门客碰见了廉颇的门客的时候，都能够体贴主人的心意，总是让他们几分。可是廉颇反倒越来越自高自大了。

这件事情让赵国的一位叫虞卿的名士知道了。他告诉了赵惠文王。赵惠文王就请他去做和事佬。虞卿见了廉颇，先夸奖他的功劳。廉颇听了，挺高兴。虞卿接着说："要论起功劳来，蔺相如比不上将军；要论起气量来，将军可就比不上他了。"廉颇听了，又犯起他那蛮横的劲头来了，他说："他有什么气量啊？"虞卿就把蔺相如对门客说的话跟他说了一遍。廉颇当时脸就红了。虞卿说："秦王独霸天下，列国诸侯全都怕他，可是蔺相如就敢当面骂他，多么勇敢啊！他为了国家，为了共同对付敌人，好像挺胆小似的躲避将军，这才是真正的勇敢哪！将军把他看作胆小鬼，错了！说他气量不怎么样，更错了！"廉颇举起拳头来，连连敲着自己的脑袋，低着头说："我是个粗鲁人。先生要不说，我还蒙在鼓里呢！这么说来，我……我太对不起相国了！"他就露着上身，背着荆条，跑到蔺相如家里，跪在地上，说："我是个粗人，见识少，气量小。哪儿知道您这么容让我，我实在没有面目来见您。请您只管责打我，就是把我打死了，我也甘心。"蔺相如连忙跪下，说："咱们两个人一心一意地伺候君王，都是重要的大臣。将军能够体谅我，我已经感激万分了，怎么还来给我赔罪呢？"廉颇连话也说不出来，只是流着眼泪。蔺相如也哭了。两个人挺亲热地抱着，好久不放。将军跟相国不但就这么和好了，还做了知心朋友。

两只"老虎"做了好朋友，秦国就真不敢来侵犯。自从渑池会之后，整整十年工夫，秦国和赵国没怎么发生过大的冲突。可是在这十几年里头，秦国从别国得到了不少土地。大将军白起打

败了楚顷襄王，楚国的郢都就变成了秦国的南郡（公元前 278 年）；大将白起打下了黔中，楚国的黔中就变成了秦国的黔中郡（公元前 277 年）；魏冉围困了大梁，魏国割让了三座城（公元前 275 年）；胡伤打败了魏国的大将芒卯，魏国的南阳就变成了秦国的南阳郡（公元前 273 年）。到了公元前 270 年（周赧王四十五年），秦国又打算发兵去打齐国。正在这当儿，秦昭襄王接到了一封信，落名张禄，说有要紧的话来禀告他。秦昭襄王一时想不起这张禄是谁来。

第三十一章 一领破苇席

这张禄究竟是谁呢？他原本是大梁人，原名叫范雎（jū）。虽说挺有才干，可惜没有机会进见魏王，只好投到大夫须贾（gǔ）门下做个门客。当初乐毅联合赵、韩、秦三国一同攻打齐湣王的时候，魏国也曾经出兵帮助过燕国。后来田单用火牛阵打败了燕军，恢复了齐国，齐襄王法章即位。魏昭王怕他来报仇，就跟相国魏齐商量，派大夫须贾上齐国去聘问。须贾带着范雎一块儿去。

齐襄王见了魏国的使臣，不由得触景生情，想起以前的仇恨，痛骂魏国反复无常。他说：“从前先王跟贵国一同征伐宋国的暴君，彼此帮忙，多么亲密。想不到你们后来会帮助燕国打得我们齐国差点亡了国。这个仇我还没忘呢，你们倒还有脸来见我！”须贾迎头就碰钉子，窘得说不出话来。范雎在旁边替他回答说：“大王这话可不能这么说。当初魏国、齐国、楚国征伐宋国的时候，齐王约定灭了宋国之后，所有的土地三国平分。可是大伙儿灭了宋国，宋国的土地呢，全叫贵国独吞了。这是贵国失信，不是敝国失信！后来各国诸侯都怕贵国强横起来，才跟着燕国一同出兵。这是五国共同的事，不能单怪敝国。再说敝国知道‘适可而止’，才没跟着燕军打到临淄来。这也就是敝国对贵国的交情！如今大王即位，贵国有了这么一位英明的君王，寡君非常高兴，他希望大王能接续齐桓公的事业，好替湣王遮盖遮盖，这才特地派使臣前来庆贺，两国重新和好。哪儿知道大王只知道责备别人，不想想自己的错处。难道大王不看桓公的样儿，反要学湣王的样儿吗？”齐襄王站起来，拱着手说：“这是我的不是！”回头问须贾，说：“这位先生是谁？”须贾说：“是我的门客，叫范雎。”齐襄王挺器重范雎，真想把他留在齐国。

齐襄王派人背地里去见范雎，对他说：“我们大王挺钦佩先生，打算请先生做个客卿，请您千万别推辞！”也是范雎一时大意，没想到自己是跟着须贾出使到齐国来的，不该私自跟别国有交往。他就回答说：“我是跟着魏国的使臣一块儿出来的，要是不跟他一块儿回去，不就没有信义了吗？不讲信义，还能算人吗？”齐襄王听了这个回话，更加敬重范雎，就派人给他送去十斤金子，一盘子牛肉，一瓶子好酒。范雎一死儿地推辞，非叫他拿回去不可。来人一定要请他收下，还说：“这是寡君的诚意，先生要不收下，叫我怎么回去交代呢？”他苦苦地恳求，说什么也不走，闹得范雎实在没有法子，只好把牛肉跟酒留下了，那十斤金子死也不收。来人知道不能再强逼他，叹息着带回去了。

早有人把这件事向须贾报告，须贾不由得疑心范雎私通齐国。他们回到魏国之后，须贾把这事跟相国魏齐说了，魏齐疑心更重，立刻把范雎拿住，带到宾客们面前审问他，说："你把魏国的机密大事告诉齐王了吧？"范雎说："我哪敢做这种事！"魏齐说："那么为什么齐王要留你呢？"范雎说："他虽说留我，可是我并没答应他！"魏齐大声骂着说："你倒推得干净！我再问你，你不是收了齐国的金子、牛肉跟酒吗？说啊！"范雎说："他们再三再四地逼着我，我怕得罪齐王，坏了我们两国交好的大事，就把牛肉跟酒收下了；金子我可死也没收。"魏齐又喝了一声，说："你还犟嘴？他无缘无故给你送礼干吗？先打你一百板子再说，瞧你招不招。"

两边把他摁倒，噼里啪啦地打了一阵，范雎嚷嚷着说："老天爷在上，我并没做错什么事，叫我招认什么呢？"须贾坐在一旁只是冷笑。魏齐恼羞成怒，吩咐底下人把他打死。起先范雎还直喊冤枉，打到后来，连一点声音也没有了。手下的人报告说："已经断了气了！"魏齐还不大相信，亲自下来一瞧。就瞧见他浑身没有一处好地方。一根肋骨折了，戳到肉皮外头，两个门牙也掉了。魏齐指着他骂："你这个奸贼，死得正好，也好给别人瞧个样儿。"回头叫手下的人拿领破苇席把他裹起来，扔在厕所里，叫宾客们往他身上撒尿，叫他死后做个邋遢鬼。

天黑下来了，范雎慢慢地缓醒过来。睁眼一瞧，只有个底下

人在那儿看着他。范雎叹了口气，就对那个人说："我活是活不了啦。可是我家里还有几两金子，你要是能够让我死在家里，我把金子全给你。"那个人一听说有金子，就答应了他，说："你还得跟死人一样地躺着别动弹，我去请求相国把你抬出去。"这时候，魏齐和宾客们已经喝得酩酊大醉，就见那个看尸首的跑来回禀，说："那尸首臭得厉害，不能再搁在厕所里了。"宾客们也都劝解魏齐，说："范雎虽说有罪，相国已经把他治死，就算了吧。"魏齐说："扔到城外叫鹞鹰收拾他去。"

看尸首的那个人等到半夜里，趁着别人不注意的时候，把范雎背了出去。范雎家里的人一见，全都哭了。范雎叫他们别声张，又叫他媳妇儿拿出金子来谢了那个人，把那领破苇席交给他，嘱咐他扔到城外去。那个人走了之后，范雎跟他媳妇儿说："魏齐也许还要打听我的下落，你快把我送到西门郑家去。"家里人连夜把他弄到西门郑安平的家里。范雎嘱咐家里人千万不许走漏风声，叫他们第二天在家里号丧穿孝。

第二天，魏齐果然疑心范雎没死，派人上城外瞧瞧去。那个人回来说："那领苇席还在，尸首可早给野狗吃了。"魏齐又叫人去探听范雎家里的动静。他们正在那儿披麻戴孝地哭着。他这才相信了。

第三十二章 离魏入秦

郑安平给范雎上药调养。等到范雎能够活动了，就把他送到山里隐居起来。范雎更名改姓叫张禄。打这儿起，再没有人提起范雎了。郑安平随时留心国里的事情，时常下山去结交魏国的小官儿。他跟一个使馆里的小兵交了朋友，时常打听着国内国外的新闻。有一天，那个小兵对他说：“今儿个来了一位秦国的使臣叫王稽。他老问我这个那个的。我见了大官连句话都说不上来，怪难为情的。”郑安平说：“明儿个你歇息，我替你去当差。”

第二天，郑安平伺候着秦国的使臣王稽。王稽一见他挺机灵的，比起昨天那个底下人来可强得多了，心里挺喜欢他。晚上没有人的时候，偷着问他："你们国里有没有想要出来做官的头等人才？"郑安平说："头等人才不容易找！早先倒有一个叫范雎的，可惜给相国打死了。"王稽说："死了还说他什么！我要活的！"郑安平说："活的还有一个，他叫张禄，是我的同乡。论起他的才干来，真得说跟范雎一模一样。"王稽本来是受了秦昭襄王的嘱咐来物色人才的，一听说张禄是个头等人才，就挺痛快地说："能不能叫他来见见我？"郑安平摇了摇头，说："张先生在国里有个仇人，弄得他不敢露面。说实在的，他要是没有仇人的话，早就当上魏国的相国了。"王稽说："请他晚上来一趟，我暗中背着人跟他谈谈，总可以吧。"

郑安平叫张禄也打扮成个底下人的样儿，上使馆去见王稽。两个人一谈，谈了半宵。王稽叫他一同上秦国去，跟他约定五天之后在边界上的三亭冈相会。

过了五天，办完了公事，王稽辞别了魏王。大臣们把他送到城外。王稽急忙赶着车马跑到三亭冈，东张西望地等着。忽然树林子里跑出两个人来，正是郑安平和张禄。王稽就像捡着了宝贝似的请他们上了车，一块儿上咸阳去。他们到了秦国湖关的时候，就见一大队车马老远地过来。张禄问："那是谁呀？怎么这么威武？"王稽瞧见头一辆车马，就知道是丞相穰侯的巡查队。他说："这是丞相上东部视察来了。"张禄一听，连忙叫郑安平一起藏在车厢里。王稽觉得挺纳闷儿。

原来穰侯就是魏冉，是秦昭襄王的舅舅，宣太后的兄弟。秦昭襄王即位的时候，年纪还轻，由太后执掌大权。太后拜她兄弟魏冉为丞相，封为穰侯，又封她第二个兄弟为华阳君，姐弟三个把持着秦国的大权。后来秦昭襄王长大了，怪太后一家专权，就封自己的兄弟公子市为泾阳君，公子悝为高陵君，把太后的势力分散了一些。穰侯、华阳君、泾阳君、高陵君，在秦国称为"四大贵族"。权力最大的要数太后的兄弟丞相穰侯了。张禄曾经听说过穰侯的专横和他那嫉恨外人的脾气。今天碰上他，怕过不了这一关，才藏起来。

一会儿，穰侯到了。王稽下车，向他行礼。穰侯也下车相见。两个人说了几句客气话。穰侯的两只眼睛就像找食吃的鹞鹰，直往王稽的车里瞧，说："你在魏国没把他们的门客带来几个吗？这种人只凭一张嘴混些俸禄，实在一点用处都没有。"王稽说："那我哪敢！"两个人就各自上了车，分手走了。

张禄从车厢里出来，说："好危险哪！我怕他还要回来搜查。我们先上前边去等着您吧。"说着，他就叫郑安平一同下了车。王稽说："丞相已经过去了，还怕他什么？"张禄说："从他的口气里，我知道他已经起了疑。刚才没搜查，待会儿，他可能后悔。我们还是约好在离这儿十里地的地方再见吧。"说着，他就拉着郑安平往树林子里跑去。王稽只得赶着车马慢慢地走着，心里还直怪张禄太多心。大概也就走了八九里地的光景，忽然听见马响铃的声儿。回头一瞧，果然从东边飞似的跑来了一队人马，追上王稽，对他说："奉丞相的命令搜查车厢，请大夫别在意。"王稽吃了一惊，不由得暗中直佩服张禄有先见之明。

王稽带了张禄和郑安平到了咸阳。他向秦昭襄王报告之后，就说："魏国有位张禄先生，真称得起是天下少有的人才。他对我说，秦国是非常危险的；要是大王能够用他，他有法子转危为安。为这个，我把他带来了。"秦昭襄王说："这是说（shuì）客的老调。他们总是夸夸其谈。暂且叫他住在客馆里吧。"

张禄住在客馆里足有一年多，秦昭襄王压根儿就没召过他一回。张禄觉得挺失望。有一天，他在街上走，听街上的人纷纷地讲论着，说穰侯要去攻打齐国的刚寿（刚城和寿城）。张禄拉住一位老大爷，问他："齐国离着秦国这么远，中间还有韩国和魏国，怎么跑到那么远去打刚寿？"那个老大爷咬着耳朵对他说："你还不知道吗？陶邑是丞相的封邑。刚寿跟陶邑紧挨着。丞相要把它打下来，不是增加自己的土地吗？"张禄回到客馆，当天晚上就给秦昭襄王写了封信，大意说："下臣张禄禀告大王：我在客馆里已经住了一年多。大王要是认为我有点用处，那么就请给我一个朝见的日子；要是认为我没有用的话，那么，把我留在客馆里又是什么意思呢？再说，我还有挺要紧的话想跟大王说一说。说不说在我，听不听在大王。万一我的话说得不对，大王只管把我治罪。请别为了看轻我，连那推荐我的人也看轻了。"

秦王看了这封信，一时想不起来张禄是谁。后来他从"客馆里""一年多""推荐我的人"几句话里头，才想起王稽来了。就叫王稽去约会张禄上宫里来。

第三十三章 远交近攻

张禄准备上宫里去，路上碰见了秦王坐着车过来。他也不迎接，也不躲避，大模大样地照旧走他的道。秦王的卫士叫他躲开，说："大王来了！"张禄回说："什么？秦国还有大王吗？"正在争吵的时候，秦昭襄王到了。张禄还在那儿嚷嚷说："秦国哪有什么大王呢？"这句话正说在秦昭襄王的心坎上。一问，他就是张禄，就挺恭敬地把他迎接到宫里去。

秦昭襄王叫左右都退出去，向张禄拱了拱手，说："请先生指教！"

张禄说："哦，哦！"他可一句话也不说。秦王见他还不说话，就又说："请先生指教！"张禄仍然不言语。秦王第三回挺真心实意地请求说："难道先生认为我是不值得教导的吗？"张禄说："从前姜太公碰见了文王，给他出了主意，文王灭了商朝，得了天下。比干碰见了纣王，给他出了主意，倒给纣王杀了。这是什么缘故？还不是为了一个信服一个不信服吗？如今我跟大王还没有多深的交情，我要说的话可是非常深。我怕的是'交浅言深'，也像比干那样自招杀身之祸，因此大王问了我三回，我都不敢张嘴。"秦昭襄王说："我仰慕先生大才，才叫左右退出去，诚诚恳恳地请先生指教。不管是什么事，上自太后，下至大臣，请先生只管实实在在地说，我没有不愿意听的。"张禄说："大王能给我这么个机会，我就是死了也甘心。"说着他拜了一拜，秦王也向他作了个揖。君臣俩就谈论起来了。

张禄说："论起秦国的地位来，哪个国家有这么些天然的屏障？论起秦国的兵力来，哪个国家有这么些兵车、这么些强壮的士兵？论起秦国的人来，哪个国家的人也没有这么遵守纪律、爱护国家的！除了秦国，哪个能够管理诸侯、统一中国呢？大王虽说是一心想要这么干，可是几十年来也没有多大的成就。这就是因为秦国光知道一会儿跟这个诸侯订立盟约，一会儿跟那个诸侯打仗，根本没有个长远的政策。听说新近大王又上了丞相的当，发兵去打齐国。"

秦王插嘴说："这有什么不对的地方？"张禄说："齐国离着秦国多么远，中间隔着韩国和魏国。要是出去的兵马少了，也许会给齐国打败，让各国诸侯取笑；要是出去的兵马多了，国里头也许会出乱子。就算一帆风顺地把齐国打败，也不过叫韩国和魏国捡点便宜，大王又不能把齐国搬到秦国来。当初魏国越过赵国把中山打败了，后来中山倒给赵国并吞了去。为什么？还不是因为中山离赵国近、离魏国远吗？我替大王着想，最好是一面跟齐国、楚国交好，一面去打韩国跟魏国。离着远的国家既然和我们有了来往，就不会去管跟他们不相干的事情。把近的国家打下来，就能够扩张秦国的地盘，打下一寸土地就是一寸，一尺就是一尺。把韩国和魏国兼并之后，齐国和楚国还站得住吗？这种像蚕吃桑叶似的由近而远的法子叫'远交近攻'，是个最妥当的法子。"秦昭襄王拍着手说："秦国真要是能够兼并六国，统一中原，全在乎先生的'远交近攻'了！"当时就拜张禄为客卿，照着他的计策做去，把攻打齐国的兵马都撤回来。打这儿起，秦国单把韩国和魏国当作进攻的目标了。

秦昭襄王非常信任张禄，老在晚上单独和他谈论朝廷大事。只要张禄说出办法来，秦王没有不听的。这样过了几年，张禄知道秦王已经完全信服他了，就挺严肃地对他说："大王这么信任我，我就是把我的命丢了，也报答不了大王的情义。可是我还不敢把我整个儿的意见献出来呢。"秦昭襄王恳求他，说："我把国家托付给先生，先生有什么意见，只管说吧！"

张禄挺正经地对他说："我在山东的时候，就听说齐国有孟尝君，没听见说过有齐王；而秦国呢，光听说有太后、穰侯、华阳君、高陵君、泾阳君，听不见说有君王！一国的大王原本是最高的首领。太后把持着大权已经四十多年了。穰侯、华阳君、高陵君、泾阳君全是她的一党，这四个人各立门户，统治着秦国，称为'四大贵族’。这四大贵族的私人势力和财产比大王的还大、还多！大王只是拱着手当个挂名的国王。这多么危险！当初齐国的崔杼把持着大权，把齐庄公杀了；赵国的李兑把持着大权，把赵主父杀了。如今穰侯仗着太后的势力，借着大王的名义，每打一回仗，诸侯没有不怕他的，每逢讲和，诸侯没有不感激他的。国内国外他都有联络，朝里的人全成了他的心腹。大王已经孤立了。我真替大王担心！”

秦王一听，汗毛都竖起来了，他说：“先生说的，句句都是从心坎里发出来的话。怎么先生不早点提醒我呢？”

公元前266年（周赧王四十九年，秦昭襄王四十一年，魏安僖王十一年，赵惠文王三十三年，楚顷襄王三十三年，齐襄王十八年），秦昭襄王把穰侯的相印收回来，叫他回到陶邑去。穰侯把他历年搜刮来的财宝装了足有一千多辆车，其中有好些宝物连秦国国库里都没有。过了几天，秦昭襄王又派华阳君、高陵君、泾阳君上关外去住。跟着他逼着太后去休养，不许她参与朝政。他拜张禄为丞相，把应城封给他，称他为应侯。

第二年，宣太后闷闷不乐地害病死了。秦昭襄王更加可以自己做主了。他听说赵惠文王死了，新君赵孝成王刚即位，惠太后掌握了大权，平原君做了相国，就趁着这个机会发兵进攻赵国。秦兵很快地打下了三座城，急得赵王马上派使者向齐国求救兵。齐国要求赵国把惠太后的小儿子长安君送去做抵押，才肯发兵。惠太后要了她的命也不答应。大臣们再三恳求太后，太后气得痰涌上来。她说：“再要有人提长安君做抵押，我老婆子就唾他的脸！”这样一来，谁也不敢再多嘴了。

有个老大臣叫左师触龙求见太后。太后就知道他准是为了长安君做抵押的事来的。她气冲冲地等着，心里想：“他一开口，我就把他顶回去，用不着多废话。”左师挺吃力地又挺慢地走到太后跟前，一坐，连忙赔不是，说：“老臣腿有病，不便走路，好久没来向太后请安了，又挺惦记着太后的身子。”太后说：“我的腿也不行，要走动就得坐车。”“胃口不错吧？”“也就是吃点稀饭。”左师又说：“老臣平时吃不下饭，勉强自己每天走三四里地，身子一活动，倒能够吃一点了。”太后说：“老婆子也走不动啊。”这时候惠太后的脸色稍稍缓和了些。左师说：“我那个孩子舒祺，岁数最小，没多大出息。我老了，身子骨儿又差，不知道为什么我就喜欢那个小儿子。我希望太后能够让他补上黑衣队的缺，保卫王宫。太后能不能开开恩？”太后说：“可以。多大啦？”左师回答说：“十五啦。岁数不算大，可是我总想在我没死以前先托托太后。”太后笑了笑，说：“做父亲的也疼小儿子吗？”左师回答说：“要比做母亲的疼得多了。”太后笑着说：“妇女不同了，特别疼小儿子。”左师说：“照老臣看来，太后疼燕后要比疼长安君多得多。”太后说：“你错了，长安君疼得多。”左师说：“做父母的疼儿女，不在眼前而要顾到将来。燕后出嫁的时候，太后送她，拉住她的手，哭得真是厉害，越想到她以后怎么过日子，越哭得伤心。燕后走了，您还老想着她。祭祀的时候，祝告着说：‘千万别退回来呀！’您这不是为了她长远打算吗？您不是希望她的子孙能继续做燕王吗？”太后说：“那倒是。”

左师说："咱们赵国君主的子孙，三辈以后继续封侯的，有没有？"太后说："没有。"左师说："赵国没有，别的诸侯当中有没有？"太后说："老婆子没听说过。"左师说："为什么君主的子孙不能继续封侯呢？这是因为地位高的人没有功劳就长不了。现在太后提高了长安君的地位，不让他对赵国立上大功，太后百年之后，您叫长安君去靠谁呢？所以老臣说太后疼长安君不如疼燕后那么多。"太后点了点头，说："长安君交给您，听您指挥吧。"

长安君到了齐国，齐国立刻发兵帮着赵国抵抗秦兵。秦兵只好退去。秦昭襄王这才服了张禄，真心采用"远交近攻"的策略了。

第三十四章 睚眦必报

秦昭襄王听了丞相张禄的计策，准备去进攻韩国和魏国。魏安僖王（魏昭王的儿子）得着了这个消息，立刻召集大臣们商量怎么办。魏公子信陵君无忌说：“秦国无缘无故地来打咱们，这明明是欺负咱们。咱们应当守住城，狠狠地跟他们打一下子。”相国魏齐说：“现在秦是强国，魏是弱国，咱们哪儿打得过人家呢？听说秦国的丞相张禄是魏国人，他对‘父母之邦’总能有点情分。咱们不如先跟他交往，请他从中说情。”魏安僖王依了魏齐的办法，派大夫须贾上秦国去求和。

须贾到了咸阳，住在宾馆里。张禄一听说须贾来了，心里又是高兴又是难受，说：“这可是我该报仇的时候了！”他换了一身破旧的衣裳，去拜见须贾。须贾一见，吓了一大跳，强挣扎着说：“范叔……你……你还活着呢？我以为你给魏齐打死了，怎么会跑到这儿来？”

范雎说：“他把我扔在城外，第二天，我缓醒过来。正可巧有个做买卖的打那儿路过，发了善心，救了我一条命。我也不敢回家，就跟他上秦国来了。想不到还能够在这儿跟大夫见面。”须贾问他：“范叔到了秦国，见着秦王了吗？”范雎说：“当初我得罪了魏国，差点丧了命。如今跑到这儿来避难，哪还敢再多嘴？”须贾说：“那么，范叔在这儿靠什么活着呢？”范雎说：“给人家当使唤人，凑合着活着。”

须贾知道范雎的才干，当初怕魏齐重用他，对自己不利，因此巴不得魏齐把他治死。如今范雎既然到了秦国，须贾就想到“冤仇宜解不宜结”，倒不如好好地待他，免得他来报仇。他就叹了口气，说：“想不到范叔的命运这么不济，我真替您难受。”说着，就叫范雎跟他一同吃饭，挺殷勤地招待着他。

那时候正是冬天。范雎穿的是破旧的衣裳，冻得直打哆嗦。须贾显出挺怜悯的样子，对他说：“范叔寒苦到这步田地，我真替老朋友难受。”他就拿出一件茧绸大袍子（古代叫绨袍）来，送给范雎穿。范雎推辞着说：“大夫的衣裳，我哪敢穿？”须贾说：“别再‘大夫，大夫’的了！你我老朋友，何必这么客气？”范雎就把那件袍子穿上，再三向他道谢。接着问他：“大夫这次上这儿来，有什么事情吗？”须贾说：“听说秦王十分重用丞相张禄，我想跟他交往交往，可就是没有人给我引见。你在这儿这么些年了，朋友之中总有认识张丞相的吧，给我引见引见成不成？”范雎说：“我的主人也是丞相的朋友。我跟他上相府里去过好几趟。丞相最喜欢谈论，有时候，我们主人一时答不上来，我凑合着替他回答。丞相见我的口齿还好，时常赏给我一点吃食，还算瞧得起我。大夫要想见丞相，我就伺候着大夫一块儿去见他吧。”

须贾说：“您能陪我一块儿去，这是再好没有的了。可是我的车马出了毛病，车轴头也折了，马腿也伤了。您能不能借一套像样点的车马呢？”范雎说：“我们主人的车马倒可以暂且借用一下。”说着，他就出去了。

不大一会儿工夫，范雎赶着自己的车马来接须贾，须贾心里犹犹豫豫的，怀着一肚子鬼胎，只好上了车，跟他一块儿去见丞相。到了相府门口，范雎先下了车，对须贾说：“大夫先在这儿等着，我去通报丞相一声。”范雎就先进去了。须贾在门外等着，正等得心烦意躁的时候，忽然听见里边“丞相升堂”的喊声，可不见范雎出来。须贾就问看门的说：“刚才同我一块儿来的范叔，怎么还不出来？”那个看门的说：“哪来的范叔？刚才进去的是我们的丞相啊！”须贾一听，才知道范雎就是张禄，吓得脑袋嗡嗡地直响，自己剥下使臣的礼服，跪在门外，对看门的说：“烦你通报丞相，就说，魏国的罪人须贾跪在门外等死。”

须贾跪在门外，里面传令出来叫他进去。他跪在地下不敢站起来，就用膝盖跪着走，一直跪到范雎面前，连连磕头，嘴里说：“我须贾瞎了眼，得罪了大人，请把我治罪吧！”范雎坐在堂上，问他：“你犯了几件大罪？”须贾说：“我的罪跟我的头发一般多，

数不过来了！”范雎说：“我是魏国人，祖坟都在魏国，才不愿意在齐国做官，你硬说我私通齐国，在魏齐跟前诬告我。这是头一件大罪。魏齐发怒，叫人打去了我的门牙，打折了我的肋骨，你连拦都不拦。这是第二件大罪。后来他把我裹在一领破苇席里扔在厕所里，你喝醉了还在我身上撒了一泡尿。这是第三件大罪。我受了你这么大的侮辱，如今你落在我手里，这是老天爷叫我报仇。你还想活命吗？”须贾又连着磕了几个响头，说：“是我该死！请大人治罪吧！”范雎说：“我本该把你砍头，至少也得把你的门牙打掉，把你的肋骨打折，也拿一领破苇席给你裹上。可是为了你这件绨袍，觉得你还有点人味儿。就为了这一点饶了你的命。你应当感激，打这儿起改恶为善！”须贾没想到范雎这么宽宏大量，流着眼泪，一个劲儿地磕头。范雎叫他第二天来谈公事。

第二天，范雎禀告秦昭襄王，说：“魏国派使臣来求和，咱们不用一兵一卒，就能够收服魏国，这全都仗着大王的威德。”秦昭襄王挺高兴。突然范雎趴在地下，说：“我有件事瞒着大王，求大王饶了我！”秦王把他扶起来，说：“你有什么为难的事只管说，我绝不怪你。”范雎说：“我并不叫张禄，我是魏国人范雎。”他就把当初齐襄王法章怎么送他金子要留他做官，他怎么一死儿地推辞，受了冤枉，魏齐怎么把他打死，又活了，怎么更名改姓逃到秦国，从头到尾说了一遍。“如今须贾到这儿来，我的真姓名已经泄露了。求大王宽恕。”秦昭襄王说：“我不知道你受了这么大的委屈。如今须贾自投罗网，把他杀了，给你报仇！”范雎拦住说：“须贾是为了公事来的，哪能为难他呢？再说成心打死我的是魏齐，我不能把这件事完全搁在须贾身上。”秦昭襄王说：“你真是天下少有的君子！魏齐的仇，我准给你报。须贾的事，任凭你自己办吧。”

范雎出来，把须贾又叫到相府里来，对他说：“秦王虽是答应了讲和，魏齐的仇可不能不报。你回去跟魏王说，快把魏齐的脑袋送来，再把我家眷好好地送到秦国，两国就此和好；要不然，我就亲自领着大军打到大梁去。那时候，可别后悔！”

须贾谢过了范雎，就两个肩膀扛着个脑袋，连夜赶回去。他见了魏王，把范雎的话学说了一遍。魏王一听，当时脸就绷了，嘴唇也白了。他情愿派人好好地把范雎的家眷送到秦国去，可是叫他砍去相国的脑袋，这怎么行呢？

第三十五章 患难之交

魏齐听说秦昭襄王向魏安僖王要他的脑袋，连夜逃到赵国投奔平原君赵胜去了。魏安僖王派人护送范雎的家眷上咸阳，还送了一百斤金子、一千匹绸缎给他家眷，托他们带个话，就说“魏齐已经偷着跑到赵国去了，魏国实在是没法办”。范雎把这事禀告了秦昭襄王。秦昭襄王说：“秦国跟赵国向来有交情，当初在渑池会上又结为兄弟。我还把王孙异人送了去做抵押，为的是叫赵国跟秦国不再为难捣乱。如今赵王居然敢收留丞相的仇人，丞相的仇人就是我的仇人，这回非去征伐他不可了。”他亲自统领着二十万大军，带了大将王翦去攻打赵国。很快地打下了三座城。

这时候，蔺相如已经告退了，赵孝成王拜虞

卿（就是给蔺相如和廉颇当和事佬的那个人）为相国，叫大将廉颇去抵挡秦兵。又派人上齐国去请求救兵。齐国派大将田单带领着十万大军去救赵国。廉颇和田单都是出名的大将，他们联合起来，王翦未必能占上风。

王翦禀告秦昭襄王，说："赵国重用廉颇跟平原君，一时半会儿不容易打下来，再说又加上个齐国。咱们不如暂且先退兵，以后再说吧。"秦昭襄王说："我拿不到魏齐，回去哪有脸见应侯（范雎）呢？"他就派使者去对平原君说："这回我们上贵国来，就是为了魏齐。只要贵国把他交出来，我们立刻退兵。"平原君回答说："魏齐根本就没上我这儿来，请别听外面的谣言。"

秦国的使者来回跑了三四趟，平原君说什么也不认账，弄得秦王一点法子也没有。要是开战吧，又怕齐国和赵国联合到一块儿，秦国未必赢得了；退兵吧，魏齐就拿不到了。他前思后想地费了好几天工夫，终于想出个主意来。他给赵孝成王写了封信，说："敝国和贵国原来是兄弟，多年交好。我为了听人说魏齐住在平原君家里，才上这儿来要。如今魏齐既然真没在贵国，我何必又多这份事呢？这回我们打下来的三座城，照旧归还给贵国，咱们还是照旧交好吧。"赵孝成王也派个使者去给秦昭襄王道谢。田单听说秦国退了兵，就回齐国去了。

秦昭襄王回到函谷关就给平原君写了一封信，请他上秦国来一趟，喝喝酒，聊聊天，大伙儿聚会聚会，交个朋友。平原君拿了那封信去给赵孝成王看。赵孝成王没有主意了。相国虞卿就拿从前楚怀王和孟尝君做例子，主张不去。大将廉颇拿当初蔺相如做例子，主张还是去好。赵孝成王岁数小，又是鸡毛小胆儿，不敢得罪秦国，还是派平原君去了。

平原君到了咸阳，秦昭襄王特别亲热地招待他，天天喝酒谈心。两个人挺“投缘”，交上了“朋友”。秦昭襄王给平原君斟了一杯酒，说：“我有件事情跟您商量。要是您肯答应的话，就请干了这杯酒。”平原君说：“大王的命令，我哪敢不听从。”他就把那杯酒干了。秦昭襄王说：“从前周文王得到了吕尚，尊他为太公；齐桓公得到了管仲，尊他为仲父。如今我这儿的范君就是我的太公，我的仲父。这样，范君的仇人就是我的仇人。如今魏齐躲在您府上，请您派个人去把他的脑袋拿来，替范君报了仇，我必定感激您这份情义！”平原君说：“酒肉朋友不足道，患难之交才可贵。魏齐是我的朋友，他如今有了难处，正是要朋友帮忙的时候。要是他真在我那儿，我也不能做出‘卖友求荣’的事，何况他并不在我那儿。”秦昭襄王翻了脸，说：“您一定不把他交出来，那我可就不能放您回去了！”平原君说：“全凭大王。大王叫我来喝酒，我就遵命来了。如今大王威胁我，我也不在乎。好在是非曲直，天下自有公论！”

秦王知道平原君决心不交出魏齐来，就把他软禁在宾馆里。接着又给赵孝成王写了封信去。那封信上说：

平原君在敝国，我的仇人魏齐在平原君家里。请把魏齐的人头送来，我就把平原君送回去。要是贵国一定要偏护魏齐，那我只好亲自带领大军上贵国来要我的仇人。请大王原谅！

赵孝成王接到这封信，连忙召集大臣们，对他们说：“咱们

为了别国的一个亡命徒，把秦国得罪了，害得平原君被扣在秦国，弄得赵国眼看就要遭受兵荒马乱的祸患，这太说不过去了。”大臣们觉得这话很对，都同意派兵把平原君的家围困起来。谁知道平原君的门客早就偷着把魏齐放走了。

魏齐连夜跑到相国虞卿家里，求他收留。虞卿说：“赵王怕秦国比怕豺狼虎豹还厉害。要去说情那是没有用的。我瞧您还不如回到大梁去。听说魏公子无忌慷慨仗义，招收宾客，天下的亡命徒都投奔他去。再说他跟赵公子又是亲戚，准得收留您。不过您是戴罪的人，怎么能单独一个儿跑出去呢？”魏齐哭丧着脸，急得没有办法。虞卿想派个人送他去，又怕走了风声，反倒丧了他的命。末了，他下了个决心，说：“还是我跟您一块儿走吧！”

他当时就扔了相国的职位，交出了相印，给赵孝成王留下一封信，带着魏齐上大梁投奔魏公子无忌去了。好不容易，他们才跑出了赵国，一路上往大梁跑下去。

到了大梁，虞卿打算带着魏齐投奔魏国的信陵君，结果信陵君害怕得罪秦国，不敢收留魏齐。只有一个叫侯生的门客不同意信陵君的做法，其他的门客都不作声。虞卿还想带着魏齐去楚国，魏齐摇了摇头说：“我得罪了范雎，连累了赵公子，也连累了您。万一楚国也怕秦国，我怎么对得起您呢？”说着，他就自杀了。

这时，赵国的使臣到了，把魏齐的人头带走了。后来，赵孝成王派人到秦国，用魏齐的人头把平原君换了回来。

第三十六章 活埋赵兵

秦昭襄王按照范雎“远交近攻”的计策，一边跟齐国、楚国交好，一边侵略邻近的小国，首先是韩国。

公元前261年（周赧王五十四年），秦昭襄王派大将王龁（hé）攻打韩国，占领了野王城（在今河南省沁阳市），切断了上党（在今山西省长治市东南部）和韩国都城（在今河南省新郑市）的联系。这样一来，上党的军队可就变成孤军了。这部分军队的首领冯亭对将士们说：“秦国占了野王城，上党再也守不住了。我想，与其投降秦国，还不如去投降赵国。赵国得到了上党，秦国准得去争。这样一来，赵国跟韩国就不得不联合到一块儿去抵抗秦国了。”大伙儿全都赞成他这个办法。当时就派使者带着上党的地图去献给赵孝成王。

赵孝成王叫相国平原君（平原君回到赵国之后，赵王因为虞卿走了，就拜他为相国）带领五万人马到上党去接收土地。平原君到了上党，仍然派冯亭为上党太守，又封他为华陵君。冯亭关了门，在屋子里哭着，不愿意跟平原君见面。平原君左三右四地请他出来，他总是推辞说："我有三件大罪，没有脸见人：我不能为国君守住城，这是头一件大罪；自作主张把土地献给了赵国，这是第二件大罪；断送了国家的土地，自己得了富贵，这是第三件大罪。我身上背着这么大的罪过，怎么还能当太守呢？"平原君在门口等着不走，冯亭只好含着眼泪出来跟平原君见面。他请求平原君接收上党，另外派个人去做太守。平原君挺诚恳地叫他保卫着上党，维持秩序。冯亭实在推辞不了，只好接受了太守的职位，可是不受封号。平原君临走的时候，冯亭对他说："上党归了赵国，秦国一定来攻打。公子回去之后，请赵王快派大军来，才能够把秦军打退。"

平原君回去把所有的经过报告了赵孝成王，赵孝成王得了上党，非常高兴，天天喝酒庆祝，反倒把抵抗秦国的事搁下了。秦国的大将王龁随后就把上党围住。冯亭这点儿军队不顾死活地守了两个月，一直不见赵国的救兵。将士们和老百姓急得没有法子，只好开了城门，拼着死命往赵国逃跑。冯亭的残兵败将，带着上党的难民，一直到了长平关（在今山西省高平市西北），这才碰见赵国的大将廉颇带着二十万大军来救上党，可是上党已经丢了。

廉颇和冯亭会合在一起，打算反攻。秦国的兵马跟着就到了，一下子把赵国的前哨部队打败了。廉颇急忙退下去，守住阵脚，叫士兵们增高堡垒，加深壕沟，准备跟远来的秦军对峙下去，做个长期抵抗。他出了一道命令，说："谁要出去跟敌人开战，就有死罪，就算打了胜仗，也照样定罪。"王龁屡次三番地向赵军挑战，赵军说什么也不出来。一来二去耗了足有四个多月，王龁想不出进攻的法子。他派人去禀报秦昭襄王，说："廉颇是个有经验的老将，不轻易出来交战。我们老远地到了这儿，本来想痛痛快快决战一下。真要是这么长期对峙下去，粮草接济不上，可怎么好呢？"

秦昭襄王请应侯范雎想办法。范雎说："要打败赵国，必须先想个办法叫赵国把廉颇调回去。"秦昭襄王说："这哪办得到呢？"范雎说："让我试试看。"

过了几天，赵孝成王的左右纷纷地议论，说："廉颇太老了，哪还敢跟秦国开战呢！要是叫那年轻力壮的赵括去，秦国这点儿兵马早就给他打散了。"赵孝成王听了这种议论，就真派人去催廉颇快点跟秦国开战。廉颇还是照旧不动声色地守住阵线。这下子可把赵孝成王气坏了。他把赵括叫来，问他能不能把秦军打退。赵括说："要是秦国派白起来，我还得考虑一下。如今来的是王龁，他不过是廉颇的对手。要是碰上我，不是我说大话，简直就像秋天的树叶子遇见大风，全都得刮下来！"赵孝成王一听，特别高兴，当时就拜他为大将，去替换廉颇。

赵括还没动身，他母亲上了一道奏章，请求赵孝成王别派她儿子去。赵孝成王不知道其中底细，把她召了来。赵括的母亲见了赵孝成王，说："他父亲赵奢临死的时候，再三嘱咐过，他说：'打仗是多么危险的事儿，战战兢兢，处处都顾虑到，还怕有疏忽的地方。赵括这小子倒把军事当作闹着玩儿似的，一谈起兵法来，就眼空四海，目中无人，纸上谈兵，夸夸其谈。将来要是大王用他为大将的话，我们一家大小遭了灾祸还在其次，怕的是连国家都要断送在他手里。'为这个，我请求大王千万别用他。"赵孝成王说："我已经决定了，你不必说了。"她说："那么万一有个三长两短，请别连累我们一家大小。"赵孝成王答应了她，就叫赵括带领着二十万兵马，从邯郸一直向长平关开去。

公元前260年，赵括到了长平关，请廉颇验过兵符，办了移交。廉颇带着一百多个手底下的人回邯郸去了。赵括统领着四十万大军，声势非常浩大。紧跟着他就把廉颇的法令废了，换了一些将士，出了一道命令，说："要是秦国来挑战，必须迎头打回去；敌人要是打败了，就一直追下去，非杀得他们片甲不留不算完。"冯亭极力劝止他，把廉颇打算消耗秦国兵马的意义说了一遍，还劝他像廉颇那样守住阵地。赵括说："他懂得什么？"

当天就有两三千的秦国士兵来挑战。赵括立刻出兵一万，跟他们交战，秦国兵马败了下去，退了十几里地。赵括一瞧前哨得胜了，第二天亲自带领着大队兵马追赶下去。冯亭赶紧拦住他，说："秦国人向来狡猾，将军千万别上他们的当。"赵括哪肯听。他说："这种西戎，不值一打。"他带着士兵一气又追下了十几里地。他接着往下追，催促后队人马一齐上来。王龁只好反攻为守，不跟赵括交战。

赵括进攻了好几天，王龁不让秦国军队出去。赵括乐着说：“我早就知道王龁不过如此！”正在他得意的当儿，忽然一位将军慌慌张张地跑来报告，说：“后队的大军给秦国人切成两截，过不来了。”话还没说完，接着又有一位将军跑来报告，说：“西边全是秦国的军队，东边一个人也没有。”赵括只得指挥着军队，往长平关退却。

他们跑了四五里地，横斜里钻出一队人马来，带队的是秦国的大将蒙骜。就听蒙骜高声喊着说：“赵括，你中了武安君的计了！还不快快投降！”赵括一听说“武安君”这个名儿，吓得脸色都白了。他早就说过，他不怕王龁，就怕白起。哪知道范雎一得到赵括替换了廉颇的信儿，就暗中叫武安君白起去指挥王龁。这下子可真把赵括吓坏了。他连忙在半道上驻扎下来，准备守在那儿。冯亭对他说：“咱们虽说打了一阵败仗，要是大家伙儿同心协力，跟秦军拼个你死我活，咱们还能够回到大营去。要是在这儿驻扎下来，万一给他们前后围起来，咱们说什么也跑不了啦！”赵括不理他，照旧吩咐士兵们筑堡垒，也不跟敌人交战。白起早把他们围上了。

赵括的大军就这么变成了孤军，受尽艰难困苦，守了四十六天，眼瞧着粮草接济不上，救兵也没有。赵括只得把大军分为四队，四面八方地冲出去。白起早就挑选了弓箭手，四下里埋伏着。赵国军队一出来，就见乱箭像狂风暴雨似的一齐射过来了。他们一连往外冲了三四回，全给人家的箭射得没法出去。

赵括的人马实在冲不出去。他们在那圈儿里凑合着又待了几天。士兵们一见内无粮草，外无救兵，就乱起来了。赵括带着五千名精兵做最后一回挣扎。他首先骑着一匹快马冲出去。没想到迎头来了两位大将，一瞧正是王翦和蒙骜。赵括哪还敢对敌？急忙往横斜里跑下去，没留神踩了个空，连人带马掉下去，给乱箭射死了。赵国军队大乱起来。那些有本事的将军，趁着乱哄哄的当儿，有的跑出去了。冯亭叹了一口气，说：“我接连劝了他三回，他一死儿不听，这真是无可奈何，我还跑个什么呢？”他就自杀了。

白起叫人竖起一面大旗，叫赵军投降。赵军一见，全把家伙扔了。白起又叫人挑着赵括的脑袋，上赵国另一个兵营去招抚其余的士兵。那边赵国兵营里还有二十多万人。他们一听说主将给敌人杀了，全都投降了。盔甲兵器，真是堆积如山，营里的辎重也全给秦军拿去了。

白起一检查赵国前后投降的人数，一共有四十多万人。他把他们分为十个营，每营配上秦国的士兵，由秦国的将官管理着。当天晚上，秦国兵营里，把牛肉和酒都搬到赵国兵营里来，给赵国的将士儿郎们大吃一顿，对他们说：“明天武安君要改编军队。赵国的士兵情愿编在秦国兵营里的都发给兵器，其余年岁大的，身子不太好的，还有不愿意或是不便上秦国去的，武安君都让他们回赵国去。”四十万赵兵一听到这个命令，大家伙儿全都欢天喜地地睡觉去了。

王龁偷偷地跟白起说：“将军干吗这么优待他们？”白起说：“别傻了！上回你打下了野王城，上党不是早就在你手里了吗？可是他们不愿向你屈服，反倒投降了赵国。由这就可以看出，这

儿的人并不是愿意归附秦国的。如今赵国投降的人数，前前后后有四十多万，随时随刻都能叛变。谁管得住他们？你去通知咱们那十个将军，叫每个秦国人都拿块白布包上脑袋。这么着，凡是脑袋上没有白布的，全是赵国人，把他们统统杀了。”

秦国的士兵们得到了这个秘密的命令，一齐动起手来。那些投降了的赵国人，一来没有准备，二来手里没有家伙，全给秦国人捆上。四十多万人怎么杀呀，再说这些尸首扔到哪儿去呢？白起早就叫人刨了好些个大坑，把俘虏全都埋了。这是战国时期最残酷的一次大屠杀。赵国四十多万士兵，一宵工夫全结果了，只留下二百四十人，叫他们活着回邯郸去传扬秦国的“威力”。

第三十七章 白起的结局

那二百四十个逃出活命的小兵跑回赵国，把武安君活埋四十多万赵兵的经过向赵孝成王和大伙儿报告了，整个赵国变成了一个哭天哭地的世界。赵孝成王、平原君和大臣们正在惊慌失措的时候，又来人报告，说："秦国的兵马已经把上党一带十七座城都夺去了。武安君亲自带着大队人马，要来围攻邯郸。"赵孝成王赶紧向大臣们询问有什么退兵的法子。他们哭就哭糊涂了，一个个都成了哑巴。平原君回到家里，想跟门客们商量商量。他们也全都不说话。正可巧燕国的大夫苏代也在平原君家里，他就自告奋勇地去见范雎，请他在秦昭襄王跟前给赵国和韩国求情。范雎一来怕武安君的势力太大，不容易管得住，二来几次打仗，秦国的兵马也死伤了不少，正需要休整，他就叫韩国和赵国割让几座城，答应他们讲和。秦王全准了，吩咐白起撤兵回国。

白起一直打胜仗，正想连下去把邯郸也打下来，没想到秦昭襄王叫他退兵的命令到了。他只得没精打采地回去。后来他一打听退兵的情由，这才知道原来是应侯范雎出的主意，背地里大发牢骚。已经过了两年了，白起还是唠唠叨叨地说那次不该退兵。他对门客们说："要是连下去打，顶多再费一个月工夫，准能把邯郸拿下来。可惜咱们失了这个机会，还有什么说的呢？"白起的话一来二去地传到了秦昭襄王的耳朵里，秦昭襄王后悔了。他说："要是再有一个月工夫就能够把赵国全拿下来，武安君为什么早不说呢？"他就想再叫白起去打赵国。白起装病不去。秦昭襄王叫大将王陵带着十万兵马去攻打邯郸。王陵的运气不好，他的对手不是那个纸上谈兵、自作聪明的赵括，而是饱经世故的大将廉颇！这样一来，他不但没打下邯郸，反倒吃了几阵败仗，连着向本国请求救兵。秦昭襄王就又派白起去替换王陵。

白起禀告秦昭襄王说："邯郸这回可打不下来。上回赵国吃了败仗，死了四十多万人，全国人心惶惶。那时候要打过去，我是有把握的。如今过了两年，赵国已经喘过气来了，各国诸侯全知道赵国割地求和，秦国已经跟他和好了。现在忽然又打过去，大伙儿准说咱们不讲信义，也许去帮助赵国。为这个，咱们这回出兵，未必能胜。"他干脆就不去。

秦昭襄王又叫范雎去请白起。白起本来就跟范雎有意见，哪还能给他面子呢？他又装病了。秦昭襄王就问范雎："武安君真病了吗？"范雎说："真病假病，我不知道。他不愿打仗倒是真的。"秦王说："白起也太自大了！难道除了他之外，秦国就没有大将了吗？"他叫王龁再带十万兵马去替换王陵。

王龁把邯郸围了差不多半年工夫，可是打不下来。白起对门客们说："我早就说过邯郸打不下来。大王偏不听我的话。你们看如今到底怎么样？"背地里又有人把这话传到秦昭襄王耳朵里。秦昭襄王可真火儿了，他革去白起的官职，不准他住在咸阳。白起没有法子，只好走，在路上唠唠叨叨地直发牢骚。秦昭襄王怕他跑到别国去，就打发人给他送了一把宝剑去。这个杀人不眨眼的刽子手，活埋过四十多万赵国投降了的士兵，这会儿只好抹了脖子。

秦昭襄王杀了白起之后，又派郑安平带领着五万精兵去帮助王龁。赵孝成王听说秦国又增了兵，非把邯郸打下来不可，急得没有办法。平原君请赵孝成王打发使者分头上各国去请救兵。他说："魏公子无忌是我的亲戚，再说我们跟他一向就有交情，他准能劝魏王发兵来救。楚国挺有实力，就是离这儿太远。我亲自去一趟，楚王也许能帮帮咱们。"赵孝成王就叫平原君去辛苦一趟。

第三十八章 毛遂自荐

平原君打算带二十个文武全才的人跟他一块儿到楚国去。他有三千多个门客，要挑选二十个人本来不算回事。可是这些人文的是文的，武的是武的，要文武全才真不易找。平原君挑来挑去，对付着挑选了十九个人，这可真把他急坏了。他叹息着说："我费了几十年工夫，养了三千多人，如今连二十个人也挑不出来，真太叫我失望了！"那些个平日就知道吃饭的门客这时候恨不得有个耗子窟窿能钻进去。忽然有个坐在末位的门客站起来，自己推荐自己说："不知道我能不能凑个数？"好些人都拿眼睛骂他，差点把他吓回去。平原君笑着说："你叫什么名字？"他说："我叫毛遂，大梁人，到这儿三年了。"

平原君冷笑了一声，说："有才能的人就好像一把锥子搁在兜儿里，它的尖儿很快就露出来了。可是先生在我这儿三年了，我就没见你露过一回面。"毛遂也冷笑了一声，说："这是因为我到今天才叫您看了这把锥子呀！您要是早点把它搁在兜儿里，它早就戳出来了，难道单单露个尖儿就算了吗？"平原君倒佩服他的胆子跟口才，就拿他凑上了二十人的数。当天辞别了赵孝成王，上楚国陈都（就是以前的陈国，后来称为陈州，在今河南省周口市淮阳区）去了。

楚国的国都本来是郢都（楚文王时候的郢都是在今湖北省江陵县北，楚平王迁到湖北省江陵县东南的郢县，还叫郢都；楚昭王又迁到湖北省宜城市东南叫新郢），怎么这回平原君会跑到陈都去呢？原来在公元前278年（就是田单恢复齐国的第二年），秦国大将白起打败楚国，把郢都占了，改为秦国的南郡。楚顷襄王就把都城迁到以前给楚国灭了的陈国，这就是所说的陈都。第二年，秦国又占了黔中，改为秦国的黔中郡，连镇守滇池的庄蹻的归路也给秦国截断了（庄蹻就在那达建立了滇国，自己做了滇王，跟中原隔绝了）。楚顷襄王这才向秦国求和，又派太子熊完和太子的老师黄歇上秦国去做抵押。熊完和黄歇在秦国待了十多年，看看没有回去的指望了。后来黄歇听说楚王得了重病，他怕楚王万一真要死了，熊完也许会跟楚怀王一样，当了秦国的"肉票"，他把太子打扮成一个老百姓的样子偷着回国去了。黄歇一个人留在秦国，还向秦昭襄王说明太子私逃的经过。秦昭襄王听了范雎的劝告，索性当个好人，叫黄歇也回去。黄歇回到了楚国之后，楚顷襄王死了，太子熊完即位，就是楚考烈王（公元前263年）。楚考烈王拜黄歇为相国，封他为春申君。春申君黄歇挺羡慕孟尝君、平原君、信陵君他们那种举动，他也就养着三千多名门客，其中当然也有些人才。他辅助楚考烈王整顿政治，训练兵马，增加生产，爱护百姓。不到几年工夫，楚国可以跟秦国抵抗一下了。因此，平原君亲自上陈都去见考烈王。

平原君和考烈王在朝堂上讨论着合纵抗秦的事，毛遂和其余十九个人站在台阶底下等着。平原君把嘴都说得冒了白沫子，考烈王说什么也不同意合纵抗秦。他说："合纵抗秦是贵国提倡的，可是没有什么成果。苏秦当了纵约长，给张仪破坏了；我们的怀王当了纵约长，下场是死在秦国；齐湣王当了纵约长，反倒给诸侯围攻，还死得挺惨。各国诸侯就只能自己顾自己，谁要打算联合起来，谁就先倒霉。还有什么话可说呢？"平原君说："以前的合纵抗秦也确实有过用处。苏秦当纵约长的时候，六国结为兄弟。自从'洹水之会'以后，秦国的军队就不敢跑出函谷关来。后来怀王上了张仪的当，想去攻打齐国，就这么给秦国钻了空子。这可不是合纵的毛病。齐湣王呢，借着合纵的名义打算并吞天下，惹得各国诸侯跟他翻了脸。这也不能说是合纵的失策！"考烈王说："话虽是这么说，可是事情都在那儿明摆着。秦国一出兵，就把上党一带十七座城打下来了，还活活地埋了四十多万赵国人。如今秦国大军围上了邯郸，叫我们离着这么远的楚国可有什么办法呢？"平原君分辩着说："提起长平关的那回败仗，是由于用人不当。赵王要是一直信任廉颇，白起就未见得赢得了。如今王龁、王陵带了二十万大兵，把邯郸围了足足有一年工夫，还不能打败敝国。要是各国的救兵联合在一块儿，准能把秦国打败，中原就能够太平几年。”考烈王又提出一个不能帮助赵国的理由来，说：“秦国新近跟敝国挺好，敝国要是加入了合纵，秦国准得把气撒到敝国头上来，这不是叫敝国代人受过吗？”平原君反对他，说：“秦国为什么跟贵国和好呢？还不是为了一心要灭三晋（韩、赵、魏）？等到三晋灭了，贵国还能保得住吗？”

考烈王因为害怕秦国，愁眉不展地总是不敢答应平原君，只是低着脑袋，抓抓耳朵，挠挠头皮，一副为难的样子。突然他瞧见一个人拿着宝剑，上了台阶，跑到他跟前，嚷着说：“合纵不合纵，只要一句话就行了。怎么从早晨说到这会儿，太阳都直了，还没说停当啊！”楚王问平原君说：“他是谁？”平原君说：“是我的门客毛遂。”考烈王就骂他，说：“咄（duō）！我跟你主人商量国家大事，你来多什么嘴？还不滚下去！”毛遂拿着宝剑，往前走了一步，说：“合纵抗秦是天下大事。天下大事天下人都有说话的份儿。这怎么叫多嘴呢？”考烈王见他奔了上来，害怕了，又听他说出来的话挺有劲儿，他只好像斗败了的公鸡似的收起翎毛来，换了副笑脸对他说：“先生有什么话要说？”毛遂说：“楚国有五千多里土地，一百万甲兵，原来就是个大国。自从楚庄王以来，一直做着霸主。以前的历史多么光荣！没想到秦国一起来，楚国连着打败仗，堂堂的国王当了秦国的俘虏，死在敌国。这是楚国的耻辱。紧接着又来了个白起那小子，把楚国的国都改成了秦国的郡县，逼得大王迁都到这儿来。这种仇恨，十年、二十年、

一百年也忘不了！把这么天大的仇恨说给小孩子听，他们也会难受，难道大王倒不想报仇吗？今天平原君来跟大王商议抗秦的事，这不是也为了楚国吗？哪儿单单是为了赵国呢！”这一段话就像锥子似的一句句地扎在楚王的心坎上。他不由得脸红了，连着说：“是！是！”毛遂又追问道：“大王决定了吗？”考烈王说：“决定了。”毛遂当时就叫人拿上鸡血、狗血、马血来。他捧着盛着血的铜盘子，跪在楚王的跟前，说：“大王做合纵的纵约长，请先歃血。”楚王和平原君就当场歃血为盟。台阶下那十九个人全都佩服这把锥子的尖锐劲儿。

平原君和二十个门客回到赵国，天天等着楚国和魏国的救兵。等了好些日子，连一个救兵也没来。平原君叫人去打听，才知道楚国的春申君带着八万兵马驻扎在武关，魏国的大将晋鄙带着十万兵马驻扎在邺下（在今河北省临漳县西）。这两路救兵全都停下了，也不往前进，也不往后退。这是什么缘故哇？

第三十九章 奇货可居

秦昭襄王听说魏国和楚国发兵去救赵国，就亲自跑到邯郸那边去督战。他派人去对魏安僖王说："邯郸早晚得给秦国打下来。谁要去救，我就先打谁！"魏安僖王吓得连忙派人去追晋鄙，叫他别再往前进。晋鄙就在邺下驻扎下来。春申君听说魏国的军队不再往前进，他就在武关驻扎下来。秦昭襄王把两路救兵吓唬住了，就叫大将王龁加紧攻打邯郸，夜里小心巡逻，不许赵国人偷过阵线再到外面去请救兵。

有一天早晨，还看不出人脸的时候，秦国的士兵逮住了一些赵国的探子，把他们送到秦王的大营里去。王龁刚要审问他们，其中有个人说："将军不可失礼！这位是王孙，从邯郸逃出来，要回秦国去。请好好地护送他和他的家眷。”王龁一听说王孙到了，急忙赔了不是，他说：“大王亲自在这儿督战，他的行宫离这儿也就十来里地。我现在就送你们去见大王。”

他们到了行宫，秦昭襄王见了自己的孙子异人，理着雪白的胡子，非常喜欢，问他：“你怎么跑出来的？”异人指着旁边一个人，说：“都仗着这位吕先生！”他就把吕不韦怎么救他出来的事潦潦草草地说了一遍。

原来王孙异人是秦国太子安国君的儿子，自从渑池之会以后，一直留在赵国做抵押。赵孝成王为了秦国屡次发兵来侵犯，早想把异人杀了。平原君拦住他，说：“秦太子有二十几个儿子，异人是最不重要的一个，把他杀了又有什么用呢？不如留着他，往后也许还能够做个退身步儿。”赵孝成王这才没杀他。可是从这儿起，就不怎么供给他穿的、吃的了。异人只好闷闷不乐地过着苦日子。

这个落难的王孙引起了一个大买卖人的注意。这个大买卖人就是阳翟（zhái）（在今河南省禹州市）吕不韦。他认为这位贫困的王孙是个好货色，可以囤积一下（文言叫“奇货可居”），等到时机到来，就能卖好价钱。他问他父亲：“种地能够得到几倍利益？”他父亲说：“十倍。”“做珠宝生意呢？”“一百倍。”吕不韦又问：“要是立一个国王，平定一个国家，能够得到几倍利益呢？”他父亲说：“那是说也说不完的。”吕不韦就花了好些金子，结交那些监视异人的人，跟异人时常来往。

有一天，他对异人说：“秦王已经上了年纪了，令尊眼瞧着就要即位，即了位，就要立太子。他心爱的华阳夫人又没有儿子，这样一来，您二十几位兄弟全是将来候缺的太子。您怎么不回去好好地伺候伺候华阳夫人呢？要是她收您当个儿子，您不就是将来的太子了吗？”异人抹着眼泪说：“我哪还敢有这种念头？我要能够回到老家，就心满意足了。”吕不韦说：“我拿出几千两金子来，替您去想个法子，叫太子和华阳夫人来接您，您瞧怎么样？”异人连忙给吕不韦跪下，说：“要是你能这么办，我绝不忘你的好处！”他就叫吕不韦去见安国君。

吕不韦到了咸阳，先去拜见华阳夫人的姐姐，送了她好些值钱的礼物；另外又拿出一大包金子和玉璧什么的，托她转送给华阳夫人。他说那些礼物都是王孙异人托他带来孝敬夫人和姨母的。姨母一见这些东西，高兴得了不得，赶紧就问：“异人这阵子挺好吧？”吕不韦说：“赵王为了秦国去打邯郸，气得要杀王孙，幸亏赵国的大臣都护着他，一个劲儿地给他说情，总算保住了这条命。”她说：“他们怎么待他这么好？”吕不韦说：“王孙是个又有才学又有孝心的人，赵国人没有不知道王孙的。每逢太子和夫人生日那一天，王孙总冲着西边磕头拜寿。见到的人都说他是个孝子。他素日又喜欢结交天下豪杰。各国诸侯和他们的大臣差不多都跟王孙有点交情。他们哪能让赵王害他呢？”吕不韦见她有点喜爱异人，脸色显得高兴的样子，就说：“令妹华阳夫人得到太子的宠爱，可真有福气。可惜跟前没有儿子，久后可依靠谁呢？如今王孙能这么孝顺她，跟亲生的儿子有什么两样？夫人要是能够收留他，她不是就有了儿子了吗？王孙也就有了妈。这是一举两得，两下里都有好处的事。夫人得着这么个又孝顺又有才学的儿子，以后的福气可不小哇！”

华阳夫人的姐姐挺赞成吕不韦这个主意，当时就跟她妹妹去说，还添枝加叶地这么一煽呼，逼着她去接异人。华阳夫人果然愿意了，就向她丈夫安国君请求。安国君虽说有好些个儿子，可是架不住华阳夫人一死儿地撒娇。安国君为了宠爱她，答应把异人立为嫡子。他叫吕不韦来，对他说：“我想把异人接回来，你有什么办法没有？”吕不韦说：“太子真要把王孙异人立为嫡子，我情愿倾家荡产地去跟赵王的左右联络，想办法把他弄回来。”太子和夫人就叫吕不韦去办这件事，还给了他三百斤金子。夫人一高兴，自己又加了一百斤。

吕不韦回到邯郸，把太子安国君要立他为嫡子的喜讯告诉了异人，把太子和夫人叫他带来的金子交了。异人就好像快要干死的花浇了水，立刻转了过来，精神百倍，有说有笑的了。他叫吕不韦去结交赵王的左右，还求他做媒，打算成家了。吕不韦真给他找了个大户人家的姑娘叫赵姬。王孙异人娶了这位姑娘，挺如意。年轻轻的小两口儿，恩爱得了不得。过门十个多月，赵姬就给异人养了个胖小子，因为他生在赵国，就起名叫赵政，就是后来兼并六国、统一中原的秦始皇。

这时候（公元前258年，周赧王五十七年，秦昭襄王四十九年），秦国围困着邯郸，楚国的兵马驻扎在武关，魏国的兵马驻扎在邺下，赵政已经两岁了。吕不韦对王孙异人说：“万一赵王把气撒到您身上，真要把您害了，可怎么办呢？我瞧赵国跟秦国一时半会儿不能讲和，咱们还是想法跑了吧。”异人说：“这件事全仗先生了！”吕不韦送了三百斤金子给把守南门的一位将军，说：“我是阳翟人，在这儿做买卖，全家都在城里，早就想回老家去。秦国围上了邯郸，弄得我要走也走不了。家里老老少少吵着要回老家去。如今我把手底下所有的本钱全交给您，请您向各位将士求个方便，放我一家老小出城，忘不了您的好处。”将士们受了贿，把他们放出去了。

吕不韦和异人一家大小，出了南门，连夜逃跑，绕了个大弯，到了西门。天刚亮，给秦国哨兵逮住。见了王龁，王龁把他们送到行宫去见秦昭襄王。秦昭襄王挺高兴地说：“太子老想念你，难为你逃出了虎口，你们赶紧回咸阳去吧。”

吕不韦带着异人、赵姬、赵政到了咸阳，先打发人去告诉安国君，又叫异人换上楚国的服装。异人拜见了父亲安国君和华阳夫人，抽抽搭搭地说：“儿子真是不孝，不能伺候二老，直到今天才回来，请宽容我的罪过！”夫人一见他那装束，挺纳闷儿地问他：“你在邯郸住着，怎么穿楚国的衣裳？”异人立刻禀告说：“我天天想着母亲，特地做了这套衣裳。”华阳夫人乐得眼睛眯成了一道缝儿，说：“我是楚国人，你也喜欢这么打扮，真是我的亲儿子了。”安国君巴不得讨好心爱的夫人，就对异人说：“好，从今天起，你就算是夫人亲生的，改个名字叫子楚吧！”子楚立刻向他父亲、母亲磕头。安国君回过头去对吕不韦说：“全仗先生救了我的孩子。我赏你两千亩地，一所房子，五十斤金子，请你先歇息歇息。赶到父王回国，再封你官职。”吕不韦拜谢了。

子楚就住在华阳夫人的宫里，等着秦昭襄王回来。

秦昭襄王送走了王孙之后，就叫王龁、王陵加紧攻打邯郸。赵孝成王又派使臣偷偷地跑到魏国催他们快点进兵。

第四十章 讨厌的老头子

平原君派人上邺下去请魏国大将晋鄙进兵。晋鄙回答平原君说：“魏王叫我驻扎在这儿，我不能自作主张。”平原君就给魏公子信陵君无忌写了一封信，说：“我为了佩服公子的侠义精神，才跟您结为亲戚，我觉得挺荣幸。如今邯郸万分危急，敝国眼瞧就要亡了。全城的人都眼巴巴地盼着救兵快点来。贵国的军队竟驻扎在邺下，说什么也不再前进。我们在火里，他们倒挺坦然。您姐姐黑天白日地哭着，劝解她的话我都说尽了。公子即使不愿意帮我的忙，也该替您姐姐想一想啊。”信陵君接到这封信之后，心里就像有好几百条虫子咬他似的。他再三再四地恳求魏安僖王叫晋鄙进兵。魏安僖王挺冷淡地对信陵君说：“你何必这么着急？他们自己不愿意尊秦王为帝，倒叫咱们去打仗？”信陵君知道再求也没用，就回家对门客们说：“大王不愿意进兵，怎么办？好吧！我自己上赵国去，要死我就跟他们死在一块儿。”他就预备了车马，上赵国去跟秦国的兵马拼命。有一千多个门客愿意跟着他一块儿去。

他们路过东门，信陵君下了车，去跟侯生辞别。这个侯生就是上回责备信陵君不收留虞卿和魏齐的那个老头子。他是看守大梁东门的一个小官儿，已经七十多了，家里挺穷。别人就知道他是个看城门的，信陵君可知道他是个隐士，想着办法要把他收在自己的门下，可是那老头子不理他。

有一天，信陵君亲自瞧他去，给他二十斤金子作为见面礼。侯生推辞说：“我向来吃苦耐劳，安分守己，就是人家的一个小钱，我也不愿收。如今我已经老了，更犯不上改变主意。”信陵君只得请求他，说：“那么请先生指定一个日子，让我请一回客，也可以稍微表表尊敬先生的一点心意。无论如何，请先生赏个脸！”侯生不好再推辞，就答应了他。

到了那天，信陵君大摆酒席，所有魏国的贵族、大臣和自己家里最体面的门客都请到了，乱哄哄地聚在大厅里。信陵君请他们坐下，官职大的坐在上手，官职小的坐在下手，留下一个最高的位子空着。他请客人们等一等，自己赶着车带了几个底下人，上东门去请侯生。侯生果然在那儿。他就上了车，坐在正座上。信陵君拿着鞭子坐在旁边给他赶车。他们过了一道街，侯生对他说：“我有个朋友叫朱亥，住在一家肉铺里。我想瞧瞧他去。公子能不能送我去一趟？”信陵君说：“成，成！我跟先生一块儿去。”

他们到了肉铺门口，侯生说：“公子在车上等一会儿，我去跟朋友说几句话。”侯生下了车，见了朱亥，两个人就在柜台前坐下，你一言、我一语地聊起天来了。这两个人的屁股好像是江米做的，粘在那儿就老不起来。侯生回头瞧瞧信陵君，见他还是拿着马鞭子老老实实地坐在那儿。他想：“好在你也没有事，你不催我，我索性再坐一会儿。”可是那几个底下人等得不耐烦了，背地里骂着：“讨厌的老头子！总算咱们倒霉，饿着肚子在这儿死等！”这些人嘟嘟囔囔地埋怨着，早就给侯生听见了，他也不跟他们计较。街上的人见了信陵君的车马和底下人在肉铺门口等着，还以为那个宰猪的出了什么乱子，都来看热闹。大伙儿一瞧铺子里的那两个人好像没事人似的闲谈着，不由得全纳起闷儿来了。后来他们听见这些人的骂声，才知道那个老头子实在太讨厌了。大伙儿都替信陵君不服气，就嘁嘁喳喳地说开了。侯生只当没瞧见，又坐了好久，才跟朱亥告辞出来，上了车跟着信陵君一块儿走了。

等着的客人们眼瞧着太阳都偏西了，还不见信陵君回来，都有点厌烦了，有的东拉西扯地瞎聊天，有的打哈欠，可是谁也不敢离开。信陵君留着的是第一个座位，那还不是给大国的使臣留的吗？好容易大伙儿听见说：“公子接了客人回来了！”他们一齐站起来，低着脑袋牵拉着手，恭恭敬敬地站在那儿。赶到他们抬头一瞧，原来是个衣裳破烂的老头儿。他们还以为自己瞧花了眼，赶紧又眨巴眨巴眼睛，再细细一瞧，可不是个白胡子的糟老头子吗？公子无忌给侯生引见了之后，请他坐在头一个位子上。侯生

也不推让，一屁股就坐下。这时候，大伙儿才算连吃带喝地活动起来了。信陵君斟了一杯酒，端到侯生面前，祝他的健康。侯生接过酒杯来，说："我不过是个看守城门的小卒子，承蒙公子下顾，已经够荣幸的了。又叫公子在街上等了挺长的工夫，这实在太过分了。可是我为什么要这么干呢？街上的人都替您不服气，说我不识抬举，还骂我是个讨厌的老废物。这就行了。他们越骂我，就越称赞公子；看公子这么待人，就越把公子当作了不起的人物。就拿今天在座的各位贵宾来说吧，哪一位不佩服公子殷勤好客的热心呢？"

从这儿起，侯生就做了信陵君的贵宾。他又推荐了朱亥。信陵君也像请侯生一样地去请他。可是朱亥的架子比侯生还大，连一次也没回拜过他。

这会儿信陵君带着一千多门客上赵国去，预备去跟秦国人拼命。他先上东门，向侯生说明他上赵国去的心意。侯生挺冷淡地说："公子保重。我老了，不能跟您一块儿去。请别怪我！"信陵君向他拱了拱手，丢了魂儿似的看着他，等着他再说几句话。这是最后一回见面了。侯生可没说什么。信陵君只好走了，还不断地左回头、右回头地瞧着侯生。侯生还是不动声色地站在那儿。

信陵君在道上越想越难受，就自言自语地叹息着："我这么对待他，拿他当作知心人，他倒眼瞧着我去送死，不但不替我出个主意，连一句挽留我的话或者一句送别的话都没有。唉，人情太薄了！"他越想越伤心，没精打采地走了几里地，再也忍不住了！就叫门客们站住，自己再去跟侯生说句话。门客们都说："这种半死不活的讨厌的老头子，还有什么用处，公子何必再去见他呢？”信陵君也不理他们，就回到侯生那儿去了。

侯生还在门外站着！他见了信陵君，就笑着说：“我算计着公子准得回来！”信陵君说：“为什么？”侯生说：“公子这么对待我，我反倒挺冷淡地让您去送死，连句送别的话都没有。您还不恨我吗？我知道您准得回来。”信陵君向他拱了拱手，说：“是啊！我想我一定有得罪先生的地方，因此特地回来请先生指教。”侯生说：“公子收养了几十年的门客，吃饭的有三千多人，怎么没有一个替您想想办法的，反倒让您去跟秦国拼命？你们这么上秦国兵营里去，正像绵羊去跟狼拼命，不是白白去送死吗？”信陵君说：“我也知道没有什么用处，可是我这么去拼死，总算尽我的力量了！”侯生见他又可怜又可敬，就说：“公子进来坐一会儿，咱们商量商量吧。”

第四十一章 盗兵符

侯生支开了旁人，对信陵君说：“听说咱们大王在宫里最宠爱的是如姬（如，姓），对不对？”信陵君连连点头说：“对，对！”侯生接着说：“当初如姬的父亲给人害死，她请大王给她报仇，大王派人去找那个仇人，找了三年也没找着。后来还是公子叫门客去给如姬报的仇，把仇人的脑袋给她送了去。有这么回事没有？”信陵君说：“有，有！”侯生说：“如姬为了这件事非常感激公子，她就是替公子死，也是甘心情愿的。因此，只要公子请她把兵符（把兵符做成老虎的形状，也叫虎符）偷出来，咱们拿了兵符去夺取晋鄙的军队，就能够率领着大军去跟秦国打了。这比空手去送死不是强得多吗？”信陵君一听侯生的话，就好像从梦里醒过来一样。当时拜谢了侯生，叫门客们暂且在城外等着，自己回到家里，托了一个一向跟他有交情的叫颜恩的内侍，去替他跟如姬商量。如姬说："公子的命令我决不推辞，水里火里也去。"

当天晚上，如姬服侍魏安僖王睡下。到了半夜，乘着他正睡得香的时候把兵符偷出来，交给颜恩。颜恩立刻送给信陵君。信陵君拿到了兵符，再上东门去跟侯生辞别。侯生说："万一晋鄙验过了兵符，不把兵权交出来，怎么办？"信陵君突然觉得脊梁上浇了一桶凉水，皱着眉头，说："这……这怎么办呢？"侯生接着说："我的朋友朱亥是天下数一数二的勇士，公子可以请他出点力。要是晋鄙能够痛痛快快地把兵权交出来，最好。要是他不答应，就叫朱亥杀了他。"信陵君鼻子一酸，眼泪快掉下来了。侯生说："公子怕死吗？"信陵君说："晋鄙老将并没做错事。他不答应我，也是应当的。我要是把他杀了，这……这怎么不叫我痛心呢？"侯生说："死一个人，救了一国的危急，还不值吗？咱们应当从大处着想，婆婆妈妈的怎么行呢？"

他们到了朱亥的家里，信陵君跟他说明来意。朱亥说："我是个宰猪的下贱人，承蒙公子屡次下顾，我一次也没回拜过。公子也许怪我不懂人情世故吧。可是我有我的脾气，我不喜欢浮面上的'礼尚往来'。如今国家有了急难，这正是我报答公子的时候。好，咱们去吧。"侯生说："照理，我也应当一块儿去，可是我老了，跟着你们反倒叫你们多一份麻烦。祝你们马到成功！"信陵君不敢再耽误，立刻带着朱亥上车走了。

信陵君带着宰猪的朱亥和一千多个门客到了邺下，见了晋鄙，说："大王为了将军在外头辛苦了好几个月，特地派无忌来接替。"说着，奉上兵符，请他验过。晋鄙把兵符接过来，再跟自己带着的那一半兵符一合，果然合成了一个老虎形的信物。虎符完全符合。可是他又想了一想，说："请公子暂缓几天，我把将士们的名册整理出来，把军队里的事务结束一下，然后才能够清清楚楚地交出来。"信陵君说："邯郸十分紧急，我想连夜进兵去救，哪能耽误日子呢？"晋鄙说："不瞒公子说，这是军机大事，我还得奏明大王，才能照办，再说……"他的话还没说完，朱亥大喝一声，说："晋鄙，你不听王命，就是反叛！"晋鄙问他："你是谁？"朱亥从袖子里拿出四十斤重的大铁锤，冲着晋鄙的脑袋一砸，说："我就是大铁锤！"

信陵君拿着兵符对将士们说："大王有令，叫我接替晋鄙去救邯郸。晋鄙不听命令，已经治死了。你们不用害怕。好好地服从命令，一心一意去杀敌人，将来都有重赏！"兵营里静悄悄的，连个咳嗽的声音都没有。大伙儿就等着进军的命令。

信陵君下了一道命令："父亲和儿子都在军队里的，父亲可以回去；哥哥和弟弟都在军队里的，哥哥可以回去；独子可以回去养活老人；有病的或者身子不结实的，都可以回去。"大概十成里有二成的士兵请求回去。信陵君就打发他们回家，重新编排队伍。这新编的队伍全是经过挑选的精兵，总共有八万人。公元前257年（周赧王五十八年，秦昭襄王五十年，魏安僖王二十年，韩桓惠王十六年，赵孝成王九年，楚考烈王六年，燕孝王元年，齐王建八年），信陵君亲自出马跑到最前面，指挥着将士们向秦

国兵营冲过去。秦国的将军王龁没想到魏国的军队突然会来攻打，手忙脚乱地抵挡一阵。平原君开了城门，带着赵国的军队杀出来。两边夹攻，秦国的军队就像山崩似的倒了下来。多少年来秦国没打过这么一个大败仗。秦昭襄王赶紧下令退兵，人马已经死伤了一半。郑安平的两万人给魏国军队切断退路，变成一队孤军。他叹了一口气，说："我本来是魏国人，还是回到本乡本土去吧。"他就带领着两万人马投降了信陵君。

赵孝成王亲自上魏国兵营来给信陵君道谢，说："这回赵国没亡国，全仗公子大力！"平原君更是感激他，在前面替他领路，把他迎接到城里来。信陵君免不了得意扬扬，挺有点劳苦功高的神气劲儿。朱亥偷偷地对他说："人家对公子有好处，公子不应当忘了；公子对人家有好处，可不能老记在心里！再说，公子假传大王的命令，夺取晋鄙的军队。公子对于赵国虽说有点功劳，可是对于魏国还背着大罪，哪还能得意扬扬呢？"信陵君红了脸，说："谢谢您的指教！"

信陵君进了邯郸城，赵孝成王亲自打扫宫殿，特别恭敬地招待他，又封给他五座城。信陵君已经接受了朱亥的劝告，挺虚心地推让着，说："我对于贵国没有多大的功劳，对于本国还背着大罪呢。大王肯收留我这个罪人，我就够知足了，哪还敢受封？"赵孝成王再三请他接受，又叫平原君劝他，他只好接受了赵王的赏赐。他自己不敢回国，把兵符和军队交给魏国的将军带回去，自己只好留在赵国。楚公子春申君黄歇听见秦国打了败仗跑了，就从武关带着没出过一点力气的八万大军回到楚国去了。

第四十二章 避债台

楚考烈王一听说信陵君大破秦兵，就想起平原君和毛遂请他当合纵抗秦的纵约长的事来了。他因为怕秦国，不敢答应，后来架不住毛遂一逼，他才叫春申君带着兵马去抵抗秦国。如今想起来实在怪害臊的。待了几天，春申君带着军队回来了，一点功劳也没立。考烈王叹息着说："赵公子所说的合纵计策实在不错，可惜咱们没有像魏公子那样的大将。"春申君一听，臊得什么似的，可是他心里头还有点不服气。他想："我一向学着孟尝君、平原君、信陵君的派头，也养了不少门客，怎么会跟不上他们呢？真怪！"他就厚着脸皮，对考烈王说："上回不是赵公子他们公推大王为纵约长吗？如今秦国打了败仗，威风下去了。大王这时候就该掌起纵约长的大权来，赶紧派使者去约会各国，再能够得到周天王的同意，借着他的号令去征伐秦国。大王能够这么办，就比齐桓公、楚庄王的功业大得多了。”考烈王经春申君这么一鼓动，又引起了当霸主的瘾来了。当时就派使臣上成周去请求周赧王下令征伐秦国。

周赧王向来软弱无能。虽说挑着个天王的旗号，他还不如列国里最小的诸侯呢。真正受他管辖的土地不过几十个县。哪知道光是这么个小小的天下，还分成两半。河南巩义一带叫东周；河南王城一带叫西周（平王东迁的时候把镐京叫西周，洛阳叫东周；到了周赧王的时候，这原来的东周又分成了东、西两周）。东周由东周公治理，西周由西周公治理。不光各自独立，时常还要你欺我、我压你地彼此攻打。天王只不过是个高高在上的大傀儡。他就好比是一个大户人家的老太爷，没权没势，受着晚生下辈们的欺负。这还不算，连那最小的一些房产也给两个管家分着霸占了。周赧王就是这么个老太爷。有时候受了西边管家的气，就跑到东边管家那儿去住几天；有时候受了东边管家的气，就跑到西边管家那儿去住几天。这会儿，周赧王正住在西周，西周公总算还养活着他。

周赧王接见了楚国的使臣，高兴得差点掉下眼泪来。他正在气恨秦王欺负他，屡次三番地要想打通三川来抄他的老窝。真难得有这么个远房的孝子贤孙替他打抱不平，他哪能不答应呢？他立刻用天王的名义叫楚国去约会列国诸侯。

周赧王把楚国的使臣打发走了之后，叫西周公准备出兵，跟着六国一块儿去征伐秦国。西周公把西周的兵马集合起来，东拼西凑地好容易把军队都拢在一块儿，数了一数，老老少少，一共还不到六千人。这哪像话呢？白起一个晚上坑死的赵国投降的士兵就有四十多万。这六千来人能顶什么事？不用管那些个，出去替人家壮壮声势也是好的。周赧王和西周公就决定把这六千人送出去加入合纵抗秦的阵营。

六千人一集合起来，就发生了几件难事：头一件，那些破旧的兵车得修理修理；第二件，拉车的马不够了；第三件，人吃马嚼一点没有着落。库房里拿不出这笔打仗的开销来。周赧王皱着眉头，抓耳挠腮的，急得差点要哭出来了。末了，还是那个管家的西周公想出一个借钱的招儿来。周天王就向那些富裕的商人、地主去借钱，给他们立字据，说明这回借的钱是作为军饷用的，等到打仗回来，拿战利品作为担保，连本带利一齐归还。这个新招儿居然招起商人、地主们的兴头来了。有钱的人愿意放账的还真不少。军饷、军费就有了着落了。

公元前256年，西周公带了六千人马到了伊阙，就在那儿驻扎下来等候各国诸侯的大队人马。可是韩、赵、魏三国刚跟秦国打了仗，元气还没恢复，没有出兵的力量。齐国跟秦国一向是挺不错的，不愿意发兵。只有燕国和楚国派了几队人马，大家伙儿在伊阙驻扎下来。楚国和燕国等了三个多月，也没见别的国派兵马来。这回合纵抗秦的计划又算吹了。他们没精打采地回去。西周公也只好原封不动地带着他那六千人马回王城去了。

周赧王出了一回兵，一仗没打，什么东西都没得着，军饷可全耗费完了。这回的买卖连老本全赔在里头。那些账主拿着字据在宫门外头向天王要账。要账的要不着钱，也见不着欠账的，哪能答应呢？可就哇啦哇啦连吵带闹地嚷开了。这一下子，弄得周赧王脸红得一直到耳根子。跑又没处跑，躲又躲不了。他只好到高台上去躲账。就为了这件事，那座高台，人家就给它起个名儿叫“避债台”。直到如今，我们不是有句成语叫“债台高筑”吗？

第四十三章 王室完了

天王还不上账，老在高台上躲避那吵闹的声儿。没想到有一天，这吵闹的声儿越来越大，越听越近。没有法子，他只好红着脸下来。那些进来的人报告的比那要账的事更倒霉。打头的是西周公，后头跟着一群大臣。他们慌里慌张地嚷嚷着说："不得了！不得了！秦国的军队打到西周来了！"天王吓得差点晕过去，哭丧着脸问西周公："各国的诸侯呢？燕国和楚国的军队呢？"西周公说："各国的诸侯连自己还顾不过来。秦国打败了韩国，夺去了阳城（在今河南省登封市东南）和负黍（在今登封市西南），杀了四万多韩国的士兵。秦国又打败了赵国，夺去了二十多个城，杀了九万多赵国的士兵。燕国和楚国的军队早就回去了。如今咱们没有像样的军队，又没有粮饷、草料，简直是等死！”周赧王说：“那么逃到三晋去吧。”西周公说：“有什么用呢？天王归附了三晋，赶到秦国把三晋灭了再去归附秦国，反倒多受一回罪，现两回眼。那可犯不着。我瞧还不如直截了当地投降秦国，也许还能保全一点地位。”周赧王急得两只手也不知道放在哪儿好，来回地搓着。后来只好带着自己的子侄和大臣上太庙去，对着上辈祖宗哭了一场。西周公捧着户口册和地图上秦国兵营去投降，献上了仅有的三十六个小城，三万户口。秦国将官一面派人“护送”周赧王上咸阳去，一面进兵接收西周。

周朝的天王周赧王到了咸阳，红着脸见了秦昭襄王，鞠躬认错。秦昭襄王一见他这个样儿，不由得也直替他难受，就把梁城封给他，称他为周公，把原来的西周公也降了一级，管他叫家臣。这位由天王降为周公的老头儿，心里烦恼，再加上路上的劳累，到了梁城就病了。不到一个月工夫，死了。秦昭襄王当时就收回了周公的领土，把周朝的宗庙也拆了。打这儿起，西周完了。

秦昭襄王灭了西周以后，通告列国，列国诸侯就更不敢得罪秦国了，都抢着先派使臣上咸阳去道贺。韩桓惠王头一个去朝见秦昭襄王，紧跟着就是齐、楚、燕、赵，都派使臣去朝贺。秦昭襄王一瞧，列国诸侯前后全来了，单单少了个魏国。魏王没派人来。秦昭襄王要派河东太守王稽去征伐。王稽跟魏国素来挺有交情，就偷偷儿打发人去告诉魏安僖王。魏安僖王得到了这个消息，立刻派太子连夜赶到秦国来赔不是。这么一来，六国的诸侯全都归顺了秦国。

王稽私通魏国的事走了风，给秦昭襄王知道了。秦昭襄王就依照当时的规矩把他办了死罪。这样一来，丞相范雎的两个恩人，全犯了罪：郑安平投降了魏国，王稽私通了魏国。这两件事对范雎都挺不利，因为这两个人都是他推荐的。依照秦国的规矩，荐举人也一样得定罪。范雎就扮成罪人的样子，请秦昭襄王发落。秦昭襄王反倒再三劝他，说："他们两个人都是我派出去的。这是我用人不当，你用不着多这份心。"秦国的大臣们背地里可就讲开了。有的说："咱们大王太宽大了。"有的说："丞相的功劳也实在大，他犯了法，大王也不好意思去办他的罪。"这些风言风语，秦昭襄王多少也听到了。他怕范雎心里头不踏实，就下了一道命令，说："王稽已经灭了族，别人不准再多嘴！"他格外优待范雎，时常给他送点味道好的食物或是名贵的衣料。大伙儿一见丞相还是红人儿，谁还敢再多嘴呢?

范雎越见秦昭襄王这么对待他，越觉得不踏实。他想："当初商鞅、吴起、文种、伍子胥他们都立过大功，得到了君王的重用，到后来谁也没有好下场。俗语说，人无千日好，花无百日红。我不如及早引退，免遭后患。"这时候（公元前 255 年）正可巧来了一位燕国人叫蔡泽。范雎跟他一谈，就知道他是个了不起的人物。范雎把蔡泽推荐给秦昭襄王，打算把自己的官职让给他。秦昭襄王就召蔡泽去见他，君臣俩一问一答地足足说了半天的话。秦昭襄王瞧着蔡泽真不错，他又不是秦国本地人，更加有意要重用他。列国诸侯只能重用贵族大夫，他们都是大族，人口多，势力大，到后来，国君反倒捏在他们手里。秦国一向利用外来的人，他们个人的权力尽管大，也不能组织成一个大集团来跟国君对抗，因此，秦国的政权就集中在国君身上。秦昭襄王绝不让贵族掌权，他当时就拜蔡泽为客卿，可是不准范雎辞职。范雎就假装病了，才算告了病假。待了几天，他上个奏章，说他上了年纪，时常犯病，不能上朝办事。秦昭襄王知道他决心要告老，就送他到应城去养老。接着拜蔡泽为丞相，担任了范雎的职位。

范雎这一告老退休，渐渐招起秦昭襄王的心事来了，他已经当了五十多年的君王，如今快七十了。东征西讨，劳累了一辈子，秦国倒是强大起来了，可是中国并没统一。范雎有个蔡泽来替换他，自己找谁来替换呢？安国君虽说是太子，可惜他没有那么大的能耐掌管国家大事。王孙子楚呢？也靠不住。子楚的儿子赵政呢？还是个孩子，更提不上了。他就时常这么前思后想。到了公元前251年秋天，这位精明强干、一心一意想统一中国的秦昭襄王一连好几夜睡不着觉，得病死了。

太子安国君即位，就是秦孝文王。这时候，秦孝文王已经五十三岁了。他就立子楚为太子。秦孝文王即位才三天，据说“中毒”死了。子楚即位，就是秦庄襄王。秦庄襄王奉华阳夫人为太后，立赵姬为王后，儿子赵政为太子。

这位秦庄襄王是吕不韦一手培植起来的，当然他得重用吕不韦。蔡泽就告了病假，交了相印。秦庄襄王拜吕不韦为丞相，封他为文信侯，把洛阳十万户作为他的俸禄。留下蔡泽为大夫。

吕不韦跟秦庄襄王说：“我近来得到各地的报告，都说东周公为了秦国接连着过去了两位君王，料想秦国不能安定，他就派使者上各国去，要重新合纵抗秦。我一想咱们既然把西周灭了，东周就不能再留着。别瞧这残余微弱的东周君，他还自称是文王的子孙、周朝的亲支正统呢。他还想凭着这个名义，煽惑天下，扰乱中原。咱们不如索性把他也灭了，免得各国诸侯再借着这顶破旧的大帽子来欺压咱们。”秦庄襄王就拜吕不韦为大将，带着十万兵马去打东周。东周本来就是快要灭的蜡头，哪架得住狂风暴雨？很快就亡了。

第四十四章 卖酒开赌场

秦庄襄王把东周灭了，接着又去打韩国，打下了荥阳和成皋（就是虎牢），改为三川郡（公元前 249 年）；又打下了赵国的榆次、新城等三十七个城，改为太原郡（公元前 248 年）；跟着就叫蒙骜、王龁去打魏国（公元前 247 年）。魏国一连打败仗，眼瞧着支持不住了。如姬对魏安僖王说："赶紧把公子无忌请回来，叫他去联合各国，共同抵抗秦国，也许还能挽回大局。不然的话，魏国准保不住。"魏安僖王虽说恨透了信陵君，可是正在急难的时候，实在想不出别的主意来，只好依了如姬的话，派使者上赵国去，请信陵君回来挽救这个局面。信陵君还恨着魏安僖王，说什么也不回去。

信陵君为了假传魏王的命令，夺了晋鄙的军队，把魏王得罪了。他打败了秦国，救了赵国，也总算替魏国争了光。他满打算能够将功折罪，照旧回去当魏国的相国。魏安僖王要撑着他那君王的尊严，不准信陵君回国。这回受不了秦国王龁、蒙骜的攻打，魏安僖王这才派颜恩去请信陵君。

信陵君可犯起怪脾气来了，气狠狠地说："魏王把我扔在赵国，整整十年了！如今遭了难，才来找我，我偏不去！"他就关上大门，外人一概不见。魏国的使者颜恩没有法子见着他。信陵君的那些门客都劝信陵君回到魏国去，至少也得跟魏国的使者见一见面。信陵君一直不理他们，并且写了一张通告挂在门口。那通告上写的是："凡替魏王通报的，都有死罪！"这一下，那些门客都吓得伸了伸舌头，谁也不敢再言语了。魏国的使者颜恩等了足有半个月，连信陵君的影儿也没见着。魏安僖王接连不断地派人去催颜恩，颜恩苦苦地哀求公子的门客们替他回报一声，可是那些门客为了保全自己的命，谁也不敢替他通报。颜恩就好像猫儿候着耗子似的天天在邻近一带等着，指望信陵君出来，能够在路上跟他见面。这个耗子可真机灵，压根儿就不出来，急得颜恩一点办法都没有。

正在无可奈何的当儿，颜恩瞧见两个客人来拜访公子。他拉住那两个客人不撒手，死乞白赖地向他们苦苦恳求。这两个人说："你去预备车马，我们去叫公子动身。"这两个人怎么能有这种把握？究竟他们有多大的来头？

说起来有点新鲜。那两个人的名字一直到如今也没有人知道。

在中国历史里只有他们两个人的姓：一个姓毛，叫毛公；一个姓薛，叫薛公。提起他们的出身，也挺特别。毛公是开赌场的，薛公是卖酒浆的。那时候，卖酒浆和开赌场不光是下贱的营生，还有点像流氓混混的勾当。这种人在士大夫的眼里比平民还要低一等。信陵君可不管这套。他的门客里的侯生不就是个穷老头儿吗？还有个宰猪的朱亥，也是这一类的人。信陵君见了毛公和薛公，曾经打发朱亥去拜访过他们。他们的架子可比当初朱亥对待信陵君的架子还大。您猜怎么着？他们全藏起来，不跟朱亥见面。信陵君就穿了便衣带着朱亥亲自跑到酒铺里。正赶上毛公和薛公在那儿喝酒，没留神进来的这两位客人是谁。信陵君走到他们跟前，说了好些敬仰的话。他们已经见着面了，藏也来不及藏，只好请信陵君和朱亥一块儿坐下喝酒。四个人又吃又喝，说说笑笑，大伙儿可就交上朋友了。打这儿以后，信陵君时常上酒铺去喝酒，有时候上赌场去玩玩，跟毛公、薛公混在一块儿。

这件事给平原君知道了。他对夫人说："当初我以为你兄弟是位英雄豪杰，哪知道他竟自暴自弃，跟那些开赌场的、卖酒浆的下等人来往。怎么他连自己的身份也不顾了？"有一天姐儿俩见了面，姐姐就把平原君的话一五一十地跟兄弟信陵君说了，本来打算劝劝兄弟留点体面。信陵君回答她说："我早先以为姐夫是位英雄豪杰呢，他原来是个公子哥儿，就知道出风头、讲体面，在阔气的门客们身上花钱，至于搜罗人才，他却不管。我在魏国的时候，就听说毛公和薛公两个人是赵国数一数二的隐士，我恨不得早点跟他们来往。如今我跟他们结交，我就是给他们拿马鞭子赶车，还怕他们瞧不起我，不愿意跟我交往呢！谁知道姐夫反倒看作是丢人现眼的事。好！像这种贵公子我也高攀不上，还不如上别国去。”当天信陵君就叫门客们收拾行李，准备动身。

平原君一见信陵君和他的门客们忙忙叨叨地赶着打铺盖卷儿，不由得吓了一跳，立刻去问夫人，说：“我并没得罪你兄弟，怎么他要走啦？”夫人说：“他说你不好。他不愿再在这儿待着了。”她就把信陵君的话学舌了一遍。平原君叹息着说：“赵国有这么两位人物，我还不知道，公子倒知道得这么清楚，变着法儿把他们拉了过来。我哪儿比得上他呢？”他就亲自跑到信陵君的公馆里，直向他磕头赔不是。信陵君只好照旧住在赵国。

这回毛公和薛公听见颜恩这番话，就进去对信陵君说：“秦国的兵马把魏国围上了，天天攻打，情势挺紧，公子知道不知道？”信陵君说：“早就知道了。可是我离开魏国整整十年了。如今我是赵国人，不敢过问魏国的事。”毛公说：“这是什么话！赵国和各国为什么都尊重公子？还不是为了有魏国吗？公子的名声怎么传扬天下的？还不是为了有魏国吗？各国诸侯哪个不称赞魏公子怎么怎么能干，魏公子怎么怎么义气大方，魏公子怎么怎么招待天下豪杰。人家这么尊重魏国的公子，可是公子的心目中反倒没有魏国。这不成了笑话吗？魏国的光荣就是公子的光荣，魏国的耻辱就是公子的耻辱。要是魏国给敌人灭了，公子也就变成亡国奴了。到那时候，谁还来尊敬一个亡国奴呢？”薛公紧接着说：“秦国人要是占了大梁，拆毁魏国先王的宗庙，公子怎么对得住自己的祖宗呢？到了那时候，公子还有什么脸面在赵国待着吃人家的饭呢？”

信陵君听了这两位上宾的话，好像小学生给老师数落了一顿似的。他当时满脸通红，低着脑袋，坐也不是、站也不是地出了一身汗，赶紧赔着不是，说：“我完全听从两位先生的话。要是两位先生不这么给我破说，我差点落个天下头一个大罪人的罪名！”

他当时就告诉门客们准备动身，自己去跟赵孝成王辞行。赵孝成王拉着他的手，掉着眼泪，说：“敝国全仗着公子，才没受人家的欺负。我哪舍得让公子走呢？可是如今贵国这么紧急，我也不好意思强留公子。这真是无可奈何的事。上回公子带着魏国的军队来救赵国，这回公子去救魏国，也带着赵国的军队去吧。”他就拜信陵君为上将军，庞煖为副将，发了十万兵马去抵抗秦国。

第四十五章

抗秦失败

信陵君统率着赵国的军队到魏国去，同时又派门客分头上各国去求救兵。燕、韩、楚三国向来佩服信陵君，一听说他当了上将军，全派大将带着兵马来帮助他。只有齐国不愿意加入抗秦阵营。

信陵君统率着五国的军队，挺巧妙地切断了王龁和蒙骜的联络，夺过来不少秦军的粮草，连着打了几回胜仗，打得秦国的士兵五零四散地跑了。

五国的军队一直追到函谷关，在关前驻扎着五座大营，耀武扬威地向秦国挑战，吓得秦国的将士把城门关得挺严实，不敢出来。这么着待了一个多月，秦国人不敢再出来。这回打仗可以说是五国诸侯最露脸的事，发出了灿烂的光芒，正像夏天的太阳从西山顶上照得人睁不开眼睛一样。可是，这回灿烂的光芒只是合纵抗秦的回光返照罢了。信陵君不见秦国人出来，就想：要是敌人老不出来，五国的军队在这儿再住上一年半载，也没有用。再说函谷关也打不下来，就算把函谷关打下来了，也灭不了秦国。他这么一合计，还不如下令退兵。各国的兵马就各自回去了。从此，合纵抗秦的大势已去，秦国可就更加强盛了。

信陵君回到魏国，离着国都还有三十多里地，就见魏安僖王亲自迎接他来了。魏安僖王和信陵君本来是异母兄弟。哥儿俩分别了十年，这回一见面，又是喜欢，又是伤心。他们一块儿坐着车回到城里。魏安僖王拜信陵君为相国，除了原来的俸禄之外，又封给他五座城。他又免了朱亥杀死晋鄙的过错，请他为将军。这么一来，谁都知道信陵君的威名了。各国诸侯都给他送礼，求他指教打仗的法子。信陵君就把他平日用兵打仗的心得著了一部书，就是《魏公子兵法》。

各国诸侯为了佩服信陵君，全都来送礼。秦庄襄王也派使臣来结交信陵君，请他上秦国去逛逛。信陵君把这事儿禀告了魏安僖王。魏安僖王不愿意叫他去冒这个险。可是信陵君觉得能够和好，总是和好好。他先派朱亥带了一双玉璧上秦国去答谢。

朱亥见了秦庄襄王，举行了回拜的礼节，就要回去。秦庄襄王使出各式各样的法子，说了不知多少好话，想把他留住，要封他官职。朱亥一死儿不答应。蒙骜对秦庄襄王说："他就是打死晋鄙的那个勇士，咱们吃过他的亏。要是他不愿意归顺大王，千万不可放他回去！"秦庄襄王把朱亥扔到老虎圈里。圈里的老虎一见有人进来正要扑过去。朱亥大喝一声，说："畜生，你敢！"这一嗓子，好像霹雷似的，居然把那只老虎吓住了。它趴在地下，不敢动弹。秦庄襄王和手下的人全愣了。他们又把他领出来。秦庄襄王还想劝他投降。朱亥知道他已经万万回不了魏国，就下了决心，自杀了。

朱亥的底下人跑回魏国，报告了秦庄襄王逼死朱亥的经过。信陵君痛哭一场，心里非常恨秦国。秦国又派使者来，送了信陵君好些礼物，另外还有一封信，大意说："公子的威名轰动天下，各国诸侯没有不佩服公子的。可不知道魏王什么时候能让位。我们都等着公子即位呢。奉上一点礼物，表一表我们庆贺公子的意思。"信陵君把送来的礼物都退回去，把秦庄襄王的信拿给魏安僖王看，对他说："这是秦国的诡计。咱们可别上他们的当！"魏安僖王嘴里不说什么，心里可不免有点猜疑。自古以来，当君王的最怕的一件事就是别人去抢他的王位。君王最容易犯的毛病就是疑心病。魏安僖王害怕信陵君真比害怕秦庄襄王还厉害！为了这个，信陵君告了病假，交还了相印和兵符。

他想起毛公和薛公隐身的法子来了，就拿喝酒、耍钱当作消遣解闷。还怕魏安僖王再去逼害他，就天天喝酒作乐，恨不得早一些离开这个充满猜疑的人世。这位公子，外表上是荒淫无度，谁知道他是"黄连树下弹琴——苦中作乐"。不到三年工夫，就把自己一条命断送了（公元前243年）。门客们一个个都哭得挺伤心。

信陵君给秦庄襄王害得辞职的那当儿，秦庄襄王倒先赶在他前头，得病死了（公元前247年）。吕不韦帮着那个十三岁的孩

子即位，就是秦王政（后来称为秦始皇）。秦国的大权全在吕不韦手里。他得到信陵君辞职的信儿，就知道合纵的玩意儿又完了。他派大将蒙骜、张唐、王龁，接连不断地去攻打赵国、韩国和魏国，得了几十座城，逼得各国诸侯不得不拿出“合纵”的法子去抵抗。

韩桓惠王想个办法叫秦国劳民伤财，免得再来攻打韩国。他派水工（相当于水利工程师）郑国（姓郑，名国）去献计策，劝秦王开凿泾水（在今甘肃省里的分南北两源，汇合后流入今陕西省）。秦王和吕不韦不知道他是来害秦国的，完全同意他的办法，派他负责主管这个巨大的工程。他就从仲山（在今陕西省泾阳县西北）挖掘河道，一直向东开凿，通到洛水。这个工程实在太大了，人力、物力真费了不少。工程已经做了一大半，秦国忽然发觉这是上了韩国的当，就要弄死那个水工郑国。郑国也不隐瞒，老老实实地说：“我这么干，原来是叫秦国忙着挖河，好叫韩国延长几年寿命。可是这条水渠一挖成，对秦国来说，是个千年万代的大事情，好处是说也说不完的。”吕不韦就叫他接下去完成这个水利上的大工程。这新开凿的河道能灌溉四百多万亩田地。这条河渠叫郑国渠。据说以后平均每亩收割了六石四斗粮食。在这以前（公元前256年），秦昭襄王吩咐蜀郡太守李冰大兴水利，开辟稻田。李冰修建了著名的都江堰（在今四川省都江堰市西，岷江中游），把岷江的激流分成两条河道，穿过成都，使河流转为平缓。都江堰不但控制了岷江的激流，免除水灾，而且两条河道灌溉了一百多万亩庄稼。这会儿郑国渠的工程比都江堰的工程更大，灌溉的田地更多。从此，秦国就更富强了。

公元前241年（秦王政六年），各国诸侯，除了齐国以外，赵、韩、魏、燕、楚，都出兵加入了合纵阵线，公推楚国为领袖，拜春申君黄歇为上将军，浩浩荡荡地杀奔函谷关来。秦国的丞相吕不韦派蒙骜、王翦、桓齮（yǐ）、李信、内史腾五个大将，每人带着五万兵马，分头去对付五国的军队。王翦准备集中力量先去袭击楚军。他暗中调动兵马，打算连夜进攻。没想到他这计策被一个手下人偷偷地透露给了春申君。春申君吓得魂不附体。连其余四国的兵营也来不及去通知一声，他立刻下令退兵，连夜跑了五六十里地，才喘了口气。等到秦军开到楚军驻扎的地方，才知道楚军已经跑了。王翦那五大队人马就合在一起攻打四国的兵马。四国的将士儿郎们听说领头的楚军先跑了，全泄了劲儿，瞧见秦国的兵马就好像耗子见了猫似的撒腿就跑。合纵抗秦的蜡头就此完全熄灭了。

第四十六章 移花接木

春申君跑回陈都。赵、韩、魏、燕四国全都派人去责问楚国："贵国当了纵约长，怎么不通知别人，自己先回来了？"楚考烈王就数落春申君。春申君光瞧着自己的靴子，连句遮羞脸的话也说不出来。打这儿，楚王对他就不怎么信任了。

春申君回到家里，两只眼睛还是老瞧着靴子，心里想："我在列国四公子之中，难道光是这靴子上缀着的珠子比别人阔气吗？"在他旁边的门客朱英早就知道了他的心事，鼓励他说："别人都说楚国是强国，到了您做了相国（楚国令尹的官衔已经像列国一样改为相国）才衰落下去。这话我可不承认。当初楚国四周围没有强国，秦国离得又远，不能来侵犯，因此，楚国一向称为南方大国。如今形势变了。西周、东周已经给秦国灭了，韩国、魏国早晚也得给秦国吞并了去。秦国越往外伸展，就越跟楚国接近。所以我说并不是楚国比从前弱，实在是秦国比从前强罢了。这么下去，陈都也不是个安全地界。您不如早点劝大王做个准备，迁都到寿春（在今安徽省寿县）去吧。”春申君就把这个意思告诉了楚王。

楚王听了春申君迁都寿春的话，觉得这也是大功一件。春申君又得到了楚王的信任，心里可就踏实得多了。他还想立个大功。楚王没有儿子，春申君得想个办法别让他绝了后。他曾经给楚王献上过好几个女子，她们连一个也没生养过。急得春申君想不出主意来，就又叹气出神。他这心事给一个从赵国来的门客叫李园的瞧出来了。李园想把他妹妹献给楚王，又怕她照样不能生养，白费心机。为了这个，他还得费点脑筋。

他向春申君告假，说是要回老家去一趟，到了日子准回来。春申君答应了。李园到了赵国以后，成心误了限期才回楚国去。春申君问他，为什么在家里住了这么些日子。李园咕嘟着嘴，翻着白眼，说："都是受了我妹妹嫣嫣的累赘！为了嫣嫣长得有几分姿色，连齐国人也都知道了。没想到齐国还真派人来求婚说媒，我只好招待他几天。”春申君一想："赵国的女子，连齐国也全知道，准是个天下无双的！”不由得就问："你答应齐人了吗？”李园说："还没呢。”"那么，能不能叫我见见面儿？”李园连连点头，说："我在您门下，我妹妹就是您的丫头，这还用说吗？”李园把妹妹送给了春申君。不到三个月工夫，嫣嫣有了身子。兄妹俩一商量，就想“移花接木”，来夺取楚国的大权。

有一个晚上，圆圆的月亮照得屋子直发亮，春申君指着天上的月亮对嫣嫣说：“你瞧，月亮也像咱们一样，又圆满又快乐。”嫣嫣叹了口气，说：“我也想咱们两个人能够天长地久，永远团圆。可是咱们大王还没有儿子，千秋百岁之后，王位就得传给他的兄弟。您做了二十多年相国，一向得到大王的重用；将来的新王不见得还能够这么重用您。”春申君一声没言语。嫣嫣接着说：“不能再做相国，倒也没有什么。我知道您在这几十年当中，难免有得罪人的地方。万一您得罪过的人当上了君王，您还想躲得开吗？”春申君一下儿就坐了起来，挺着急地说：“这倒是真的！怎么办呢？”一阵微风吹过来，有些透着凉意。嫣嫣给春申君披上一件上衣，说：“计策倒是有，不光能够躲过祸患，还能福上加福。只是我说不出口来。说出来怪难为情的。”春申君催着说：“你替我打算，有什么不好说的呢？我一定听你的。”嫣嫣抬起头来，咬着他的耳朵说：“我已经有了喜了，连您还不知道呢。您要是把我献给大王，大王准得宠我。要是天从人愿，养个儿子，他可就是楚国的太子，也就是您的亲骨肉。将来您的亲骨肉当了楚王，您还怕什么呢？您瞧这个‘移花接木’的计策好不好？”春申君眉开眼笑地说：“天下竟有像你这么机灵的女子！”春申君就替楚考烈王做媒，把李园的妹妹嫣嫣送到后宫。到了生产的时候，嫣嫣不光替老年的楚王养了个儿子，而且还是个双胞儿。楚王就立嫣嫣为王后，长子为太子，李园为国舅，跟春申君一块儿管理朝政。

李园虽说得了势，可是对春申君特别显得恭敬。只要能叫春申君高兴的事，他都肯干，甘心情愿地哈着腰去干。

迁都以后第三年（公元前238年，秦王政九年，楚考烈王二十五年），楚考烈王病了。春申君静静地等待着，他那“亲骨肉”眼瞧就要即位了。一到那时候他就是太上王了。忽然有一天，他的门客朱英来见他，对他说：“天下有意想不到的福气，有意想不到的灾祸，还有意想不到的人。您知道吗？”春申君说：“你别让我猜谜儿，痛痛快快地说吧。”朱英说：“您做了二十多年相国，富贵无双。如今大王得了重病，没见好。一旦小王即位，您就是伊尹、周公。这就是意想不到的福气。可是那位国舅李园外表上透着恭敬，背地里可养着武士。为了他妹妹的事，他怎么能放过您哪。大王一死，他准先来对付您。这就是意想不到的灾祸。”春申君笑着说：“他哪敢？——还有意想不到的人呢？”朱英指着自己的鼻子，说：“我替您去对付李园，免得您落在他手里。我就是一个意想不到的人。”春申君说：“李园这么殷勤地伺候着我，哪能害我呢？你别瞎猜别人！”朱英微微一笑，说：“当断不断，反受其乱。原来您也是一位意想不到的人哪！”

朱英劝不了春申君，就跑到别的国隐居起来了。

朱英走了之后，过了十几天，楚考烈王死了。李园叫人去报告春申君。春申君赶到宫里，就给李园的武士们围上，嚷嚷着说：“奉王后密令：黄歇谋反，理应处死！”春申君就这么遭遇了意想不到的灾祸，全家灭了门。

第四十七章

不中用的小子

自从合纵抗秦失败以后，又加上楚国的没落，这下子秦国要兼并各国就更便当了。头年吕不韦派蒙骜和张唐去攻打赵国，又派秦王政的兄弟长安君成蟜为大将，和将军樊於（wū）期去接应。门客们对吕不韦说：“长安君才十七岁，年轻轻的哪能做大将呢？”吕不韦微微一笑，说：“这个你们哪能知道哇！”

蒙骜的大军从上党去攻打赵国，给赵国的大将庞煖在尧山（在今河北省保定市）、庆都山（在今河北省）一带截住。两边的军队打了几仗，真是棋逢对手，一时分不出胜败来。蒙骜就叫张唐上屯留（在今山西省长子县北）去催长安君的大军快点来。张唐还没跑到屯留，听说长安君的军队已经叛变了。那长安君成蟜，本来是个公子哥儿，忽然当上大将，自己也有点糊里糊涂的。樊於期告诉他，说："文信君拜您为大将，是叫您来送死。他为的是好一手把持秦国的大权，还想把秦国的天下变成吕家的呢！"成蟜说："哎呀，这怎么能呢？"樊於期编了个故事，说："您还不知道哇，如今的太后原来是吕不韦的姨太太呀！如今的国王也不是先王的后代，您才是先王的亲骨肉！因此，吕不韦非要把您消灭不可。他表面上拜您为大将，好像挺尊重您。其实，要是蒙骜打了败仗，吕不韦正好借着这个因由定您的罪，办得轻点革职，办得重点处死！"成蟜吓得直掉眼泪，说："哎呀，这怎么办呢？"樊於期说："蒙骜给赵国军队绊住，一时不能回来。要是您有胆量的话，就可以借着手下的军队，一边守住屯留，一边通告全国，把吕不韦的阴谋揭破了，秦国人准能护着您。"成蟜在气头上，起着誓，说："男子汉大丈夫死就死，说什么也不能在一个买卖人的儿子底下窝囊着。请将军好好地干吧！"

樊於期写了一篇通告，说吕不韦盗国，叫全国军民帮着先王的亲骨肉，就是长安君成蟜。当时就派人把通告送到各处去。秦国人当初也有听说吕不韦替王孙异人说媒的事。如今见了这个通告，说赵姬原来是吕不韦的姨太太，先有了身孕，然后才转送给王孙异人，就议论纷纷了。有的说赵姬是大户人家的闺女，豪门大族的千金小姐，怎么能给人家做小呢？可是又有人说她是歌女，说得有鼻子有眼儿。大伙儿都有点半信半疑，只把这个通告当作一件新闻罢了。

张唐本来是去催长安君的，一听见这件新闻，连夜跑回咸阳去向秦王政报告。秦王政见了这个通告，非常恼怒，立刻就把吕不韦召来，叫他出个主意。吕不韦说："长安君年轻轻的，绝不敢这么胡作非为。这准是樊於期干的勾当。可是他有勇无谋，成不了大事。咱们立刻发兵，把他拿来就完了。"他就拜王翦为大将，桓齮、王贲（王翦的儿子）为左右先锋，去围剿长安君。

王翦的大军到了屯留，还没开战，早就把成蟜吓坏了。樊於期安慰他，说："这几天咱们已经把长子（在今山西省长治市西）、壶关（在今山西省长治市东南）两座城夺过来了，加上屯留一共有三座城了，兵马也有十四五万，怕他干什么？再说您已经骑在老虎背上，要想下也下不来了！"成蟜一听说"老虎"，更心慌了。

樊於期开了城门，布置阵势，准备跟王翦开战。王翦在阵上跟樊於期说："秦国有哪点对不起你？你怎么引诱长安君造反？"樊於期在兵车上行了个礼，说："秦政是吕不韦的儿子，长安君才是先王的亲骨肉。咱们都是先王的大臣，应当尽忠报答先王，惩办奸贼，废去假王，同心协力地保着长安君，这才是正理。将军能够仗义归正，就是秦国的功臣。"王翦说："太后怀胎十月，才养了这位君王。你怎么能造谣生事，污辱君王？说话也得有个分寸。你无凭无据，胡说八道，欺哄百姓，扰乱军心，就是国家的大罪人。我哪能把你放过去呢？"说着，他就冲了过去。樊於期也犯起杀性，抡起大刀，见人就砍。王翦叫士兵们把他围上。樊於期很有能耐，左冲右闯，反倒把他们砍倒了不少。王翦怕士兵们死伤太多，只好收兵。

当天晚上，王翦就在营里问将士们："你们有认识长安君的没有？"有个叫杨端和的将军，他说："我当初在长安君的门下当过门客。"王翦对他说："我有一封信，你想法混进城给长安君送去，劝他早日返正，就是你的大功一件。"王翦把信交给杨端和，又叫桓齮去攻打长子城，叫王贲去攻打壶关，自己攻打屯留。三个地方同时进攻，逼得樊於期没法儿应付。

樊於期对成蟜说："王翦分兵三处，我不如先跟他去决战。要是长子和壶关给他们打下来，可就更难对付了。"成蟜掉着眼泪，说："哎呀，怎么办呢？这事是将军发动的，还是请将军做主吧。只要不连累我就行了！"

樊於期跟王翦打了好几天，眼见王翦的兵马越来越多，自己的兵马越来越少。有一天，突然见桓齮和王贲的兵马也开到屯留来了。樊於期就知道长子和壶关已经丢了。他只得退回城里，把守着城。他亲自在城上巡逻，鼓励将士，一天到晚，简直没有休息的工夫。王翦、桓齮、王贲合在一起，加紧攻打，眼瞧着屯留是保不住的了。

他抽空来见成蟜，对他说："咱们还是上燕国或是赵国先去躲一躲，慢慢地再想办法吧。"成蟜说："哎呀，我本族的人全在咸阳，怎么能跑到别的国去呢？要是人家不收留咱们，可怎么办呢？"樊於期说："诸侯哪一个不恨秦国，哪能不收留您呢？"他们正在说话的时候，外边传话说："王翦又来挑战！"樊於期直催成蟜："王子再不动身，怕要跑不出去了！"成蟜只是慢条斯理地耗着。樊於期做梦也想不到成蟜已经给王翦派来送信的那个杨端和说活了心。他只盼望着秦王能饶了他，让他回咸阳去，哪还能跟着樊於期逃跑呢？樊於期还想给成蟜杀出一条活路，就开了南门跟王翦的兵马打了起来。

打了一会儿，一见敌人越来越多，樊於期实在抵挡不了啦，只好跑回来。没想到城门早就关上了！樊於期大声嚷着说："开门！开门！"城门楼子上的人说："长安君已经投降了，请将军自便吧！"樊於期抬头一瞧，只见杨端和站在成蟜的旁边。成蟜不说话，连"哎呀，怎么办呢？"也没有了，只是流着眼泪看着樊於期。樊於期叹了一口气，说："不中用的小子！枉费我一番心血！"他立刻转过身来，又去跟王翦拼命。

秦国的士兵就像蚂蚁翻窝似的围了上来。樊於期还能有命吗？没想到秦王政给王翦下了一道命令：要逮活的，好让秦王亲自砍他的脑袋，才解心头之恨。因此，他们不敢伤害他。樊於期就趁着这个方便，杀开一条血路，逃到燕国去了。

王翦没追上樊於期，只得进了屯留城，把成蟜押在公馆里，等候秦王政发落。太后替长安君请罪，又叫吕不韦去说情。秦王政说："要是造反的不治罪，谁都可以造反了！"当时就派人去通知王翦，叫他把成蟜就地正法。成蟜老想回到咸阳去，到了儿还是回不去，他在屯留吊死了。

秦王政处死了长安君成蟜，又因为屯留的人附和了成蟜，把他们都迁移到临洮（在今甘肃省岷县）去开垦荒地。他出个赏格：谁能拿住樊於期，把他解到咸阳来的，赏五座城。他还要找赵国报仇。当初蒙骜听说长安君兵变的消息，只得下令退兵，在半道

上被赵国的大将庞煖杀了。赵国这一回的袭击叫秦国受了挺大的伤耗。庞煖杀了蒙骜，自己也受了重伤，回到赵国，没待几天工夫也死了。秦王政为了这回出兵不但没得着什么，反倒弄得长安君叛变，受了挺大的损失，又气又恨，就准备再去攻打赵国。

第四十八章 驳逐客令

吕不韦为了一个落难的王孙异人，真是倾家荡产，费尽心机，给他争到太子的地位，又给他娶了赵姬，养了这位秦王政。在他看来，秦王政就算是叫他一声“爸爸”也不过分。那赵姬本来是吕不韦介绍给异人的，如今当上了太后，当然也是吕不韦的一党。他的权势可想而知了。秦王政是中国历史上真正了不起的人物。他的聪明、智慧、见解和魄力都很突出。年轻时候，一切事情全由吕不韦和太后做主。一到二十二岁上，他就要执掌大权，自己做主，反倒觉得吕不韦是碍手碍脚的人了。公元前 238 年（秦王政九年），太后赵姬跟长信侯嫪毐（lào ǎi）造反，附和他们的人也不少。秦王政剿灭了这群乱党，杀了嫪毐，又把嫪毐私通太后所生的两个小孩子也全杀了。案子重的抄灭了二十多家，比较轻一点的四千多家都迁到巴蜀去。

又过了一年，他觉得自己已经有了实力，而且眼瞧着吕不韦的主张和做法跟他不对头，就拿出主子的手段来，要把吕不韦也拿来治罪。原来吕不韦也像孟尝君、信陵君、平原君、春申君一样，养了三千多门客，其中有学问的人也不少。吕不韦叫几个能够编书的人，根据他的意见，写了一部书，叫《吕氏春秋》，大约有二十多万字。这部洋洋大篇的著作在秦王政八年的时候才写成功。吕不韦看了很满意，把全部书在咸阳市门公布，还出了一个赏格：有谁能够在这部书上增加一个字或者删去一个字的，赏一千金。一来，那部书在当时也实在写得不坏；二来，谁那么大胆敢修改文信侯的文章？可是秦王政就不能同意《吕氏春秋》所提出的主张。什么“天下不是一个人的天下，天下是天下人的天下”。这种话是跟秦国一百多年来所奉行的商鞅的主张大不相同，不合秦王政的口味。他不能同意吕不韦的主张和做法，就借着嫪毐造反的案件，旧事重提，说嫪毐是吕不韦保举的，说他跟去年的叛变多少也有牵连。没想到朝廷上的大臣多半都跟吕不韦有交情。大伙儿禀告说：“文信侯辅助先王，立过大功；再说他对于嫪毐的事也许有点嫌疑，可是没有真凭实据，哪能就办他呢？”秦王政碰了个钉子，可是决不后退，也不跟钉子硬碰，他会绕着弯儿走。他听了大臣们的话，把吕不韦放了，可是收回了相印，叫他回到本国去。

各国诸侯一听到文信侯离开了咸阳，都抢着派使臣去请他当相国。秦王政怕他到了别国对秦国不利，就写了一封信给他。那信上说："嫪毐的叛变跟你有关。我不忍治罪，让你回国，原本是宽大为怀，给你一个悔过的机会。你反倒跟各国诸侯的使臣来往，你哪对得起我的一番好意呢？请你带着家眷搬到巴蜀去吧。我划给你一座城，给你养老。"吕不韦知道秦王政绝不会放过自己。要是真信了让他养老的话，那未免太天真了。再活下去只有多受罪，他就喝了毒酒自杀了。

秦王政杀了吕不韦，把他的门客都轰走了。他疑惑着：别国的人为什么跑到秦国来做官呢？一个人不能爱护本乡本土，还能爱护秦国吗？再说，秦国的事，他可以叫秦国人来办；秦国的朝政，应当由他自己来管。他越想越觉得有道理，就下了一道命令："凡是别国来的客人不许住在咸阳。凡是在秦国做官的别国的人，一概免职，三天之内离开秦国。谁要收留别国的人一概治罪。"

这道"逐客令"一出来，所有别国的人都给轰出去。被轰出去的大小官儿当中有个楚国人叫李斯。他本来是儒家的大师荀卿的弟子，一向在吕不韦的门下。吕不韦把他推荐给秦王政，秦王政曾经拜他为客卿。这回李斯给轰出咸阳城外，非常懊恼。一路上他还想着办法。如果因为他是吕不韦一派的人而给秦王轰出去，那他以后不提吕不韦也行啊。只要秦王能够用他，别说是吕不韦，就是他老师荀卿的主张，他也不妨扔了。左思右想，他决定再撞一回大运。他就写了一篇奏章，叫秦国人去送给秦王政。秦王政拿过来一瞧，上头写着：

从前穆公搜罗人才，从西边戎地得到了由余，从东边宛地得到了百里奚，从宋国迎接了蹇叔，从晋国迎接了丕豹和公孙支。

由余、百里奚、蹇叔、丕豹、公孙支都不是秦国人，可是穆公用了他们，收服了二十个小国，当了西方的霸主。孝公用了魏国人公孙鞅，改革制度，移风易俗，人民增加了生产，国家因此富强。惠王用了张仪，征服了三川、巴蜀、上郡、汉中、郢都这些地方，扩张了好几千里的土地，粉碎了六国合纵的计策。昭王用了范雎，废了穰侯，轰走了华阳，加强了公家的势力，实行“远交近攻”的计策，一步步地扩大了地盘。这都说明穆公、孝公、惠王、昭王都是借重外来的人，做了大事。要是这四位君王不搜罗人才，不重用外来的人，秦国哪能有像今天这样的富强？这么看来，外来的人并没有对不起秦国的地方，凭什么要轰走外来的人？再瞧大王所喜爱的东西吧：昆山的白玉、随县的明珠、吴国的宝剑、北狄的快马、江南的金银、西蜀的丹青、齐国的绸缎、郑国卫国的音乐——这些大王所喜爱的东西，没有一件是秦国出产的！如果不是本国的人不用，不是土产的东西不要，那么：孔雀毛编成的旗子就不能用；鳄鱼皮蒙成的鼓就不能打；宫女们的玉簪、珠圈、绣花的衣裳、五彩的飘带，都得扔了；王宫里精美的象牙的装饰品都应当改为粗糙的木器；音乐队里的丝弦乐器都得废除，一概改成秦国的瓦盆。可是大王不光是喜爱这些好看的装饰、好听的音乐，并且还把赵国的舞女、郑国和卫国的美女都收在后宫里。这是为什么呢？还不是为了享福作乐吗？凡是能够享福作乐的东西，就是别国的也要，并且比起本国的还加倍地爱；一提起人才来，就不分是非曲直，凡不是秦国的就轰出去。这么说来，大王单单看重音乐、珠子、玉器、美人，反倒看轻了有关国家兴亡的人才了！

我听说土地广的粮食多，国家大的人口多，军队强的勇士多。泰山不把泥土扔了，所以能够堆得那么高；大海容纳了小河流，所以能够变得那么深；王者不拒绝众百姓，所以能够发扬他的德行。如今大王轰走外来的人，天下的英雄豪杰只好跑到别的国去了。大王轰走别国的人，就是给敌国增加了力量。将来秦国的危险跟祸患那还用说吗？

秦王政一边念着，一边不断地点头。他立刻收回逐客令，派人叫回李斯，把他官复原职。秦王政向他道歉，接着就问他："我要兼并六国，统一中原，先生可有什么高见？"李斯说："韩国离秦国最近，又最软弱。可以先从那儿下手。"

秦王政听了李斯的话，叫内史腾带了十万兵马去攻打韩国。韩王安（桓惠王的儿子）吓得直打哆嗦，叫公子非（就是韩非子）上秦国去求和，情愿割让土地，当秦国的属国。韩非子也是荀卿的弟子，跟李斯是同窗好友。李斯还认为自己比不上他。韩非子从前也劝过韩王安，献过计策，打算叫韩国转弱为强，转危为安，只是韩王安不愿用他。这次情况吃紧了，才派他上秦国去。韩非子到了咸阳，一心想做秦国的臣下。他写了几篇文章献给秦王政。秦王政倒挺钦佩他的才能，可是这时候秦王政正信任李斯，听了李斯的话把他扣起来。后来李斯还送他一份毒酒。韩非子问看监牢的人："我犯了什么罪呀？"他回答说："一个鸡笼里容不了两只公鸡！人家碰见像公子这么有才干的人，只有两个办法：不是重用，就是害死，根本提不到什么犯罪不犯罪。"韩非子叹息了一会儿，自杀了。

韩王安听说公子非死了，更加害怕了，就投降了秦王政，情愿当他的臣下。秦王政答应了，叫内史腾退兵。韩国既然归顺了秦国，秦王政又想起韩非子来了。可惜他已经死了，秦王政不免有点怪李斯。李斯说：“大王别再心疼他了。我来推荐一个人，论他的才干，要比韩非子强！”秦王政说：“他在哪儿？”李斯说：“他正巧在咸阳。不过他的脾气挺古怪，随随便便去召他是不行的。”秦王政就像招待贵宾一样地派人去请他。

第四十九章 尚能饭否

秦王政请来的是个大梁人，叫尉缭。秦王政挺恭敬地问他：“怎么样才能够统一天下，请先生指教。”尉缭说：“如今各国大权全在大夫手里。大夫占了公家的土地，国君当然不乐意，大夫可不管这些个。这是说，大臣们并不是个个都忠于国君的。再说做官的差不多都是贪财的。大王只要花上二三十万金子，就能够把他们收买过来。要是能够把各国的大臣收买过来，诸侯还不就完了吗？”秦王政真舍得花钱，当时就先给尉缭五万斤金子让他去花。尉缭又把他的门生王敖推荐给秦王，叫他到各处跑跑道儿。他又请秦王派大将桓龁带了十万兵马去攻打魏国。

魏景湣王（安僖王的儿子）一听说秦国军队

来了，立刻派人上赵国去求救，还拿邺郡三座城作为谢礼。赵悼襄王就派大将扈辄（hù zhé）带着五万兵马先去接收邺郡三座城。扈辄接收了邺郡，还没布置好，桓齮的军队已经到了。两下里一开战，扈辄就败下来了，三座新得来的城给秦国军队夺了去。这还不算，另外又丢了赵国自己的几座城。

扈辄退到平阳（在今河北省临漳县西），赶紧派人去请求赵悼襄王再派救兵来。赵悼襄王召集了大臣们，叫他们出个主意。大臣们都说："以前赵国只有廉颇大将能够打得过秦国。除了他以外，要算庞煖了。如今庞煖死了，廉将军倒还在大梁闲着。要想打败桓齮，除非把廉将军再请出来。"大夫郭开反对说："廉将军已经是七十岁的人了，哪能再打仗呢？再说以前因为大王不信任他，他才赌着气跑了。如今再把他请来，反倒彼此不便。"

原来当初廉颇骂过郭开是个小人，郭开就在赵悼襄王跟前给他说坏话。赵悼襄王才把廉颇的兵权收回。廉颇气哼哼地说："我自从伺候惠文王一直到如今，已经四十多年了，一向没打过败仗。他竟听了小人的话，把我的兵权夺了去。这怎么能叫我受得了呢？"他就赌着气跑到魏国去了。魏王虽然收留了他，可是不敢用他。廉颇只好闷闷不乐地在大梁住着。这回赵国遇见急事，大臣们都劝赵王把廉颇请回来。可是郭开一来跟他有私仇，二来他已经接受了尉缭的门生王敖送给他的三千斤金子。因此，他在赵悼襄王跟前直说廉颇不中用。

赵悼襄王听了郭开的话，本来不用再费心了。可是扈辄打了败仗，找谁去抵挡桓齮呢？他就说："要不然先派人去慰问廉颇。

要是他还能够当大将，咱们再去请他。”郭开不便再开口，心里可是挺着急，怕廉颇真回来。

赵悼襄王派宦官唐玖带着一副挺名贵的盔甲和四匹快马，上大梁去慰问廉颇，顺便看看他的身子骨儿还硬朗不硬朗。郭开偷偷地把唐玖请到他家来喝酒，说是给他送行。喝酒的时候，郭开送了他二十斤金子。唐玖一愣，说：“无功不受禄，这叫我怎么能收呢？”郭开说：“受禄就有功。我有一件事情拜托您。您收下礼物，我才敢开口。”唐玖说：“大夫有什么指教，尽管说吧。”郭开厚着脸皮说：“不瞒您说，廉将军跟我素来有点仇恨。这回您去看他，要是他身子骨儿不结实，那就不用说了。万一精神还是挺好，请您回报君王的时候，就说他……哎，您知道怎么说。”

唐玖到了大梁，见了廉颇，廉颇开口就问他：“秦国打到赵国来了吧？”唐玖说：“将军怎么知道？”廉颇说：“我在魏国已经好多年了，赵王从来没跟我通过音信。如今突然给我盔甲、马匹，想着准有用我的地方了。”唐玖故意说：“将军恨不恨大王呢？”廉颇说：“我整天整夜地想念着本国，怎么能恨大王呢？”两个人随便谈了一会儿。廉颇请唐玖吃饭。他故意在唐玖面前卖弄筋力，狼吞虎咽地吃了一斗米、十斤肉。又把赵王给他的盔甲穿上，跳上马，来来回回地跑了几回，对唐玖说：“您瞧我跟年轻的时候差不多吧？请在大王面前多替我说几句好话。就说我情愿把我晚年的精力全拿出来报效国家。”

唐玖回到邯郸，对赵悼襄王说：“廉将军虽说年老，饭量可真好。可惜老年人得了肠胃病，跟我坐了一会儿工夫，倒拉了几

回屎。”赵王叹了口气，说：“战场上哪能老忙着出恭呢？可惜廉将军老了！”廉颇再也得不着为国效劳的机会了。

廉颇回不了本国，郭开无拘无束地做他那卖国的勾当。他对尉缭派来的王敖说：“我瞧赵国非常危险，魏国也保不住。先生是魏国人，我是赵国人，万一敝国和贵国都亡了，咱们上哪儿去呢？”王敖说：“我已经有了着落了。要是大夫愿意的话，我能把您推荐给秦王。”郭开说：“秦王能用着我吗？”王敖笑着说：“大夫还蒙在鼓里呢！秦王知道大夫能够管理赵国，才派我来跟您结交。要是赵国亡了，秦王还得请您管理赵国的事呢。”说着，他又拿出七千斤金子交给郭开，对他说：“秦王托大夫拿这点礼物去结交贵国的大臣。以后的事情，还得请大夫多帮忙。”郭开一个劲儿哈腰打躬，眉开眼笑地说：“我受了秦王这么大的恩典，要是再不用心去报效，我是小狗子！”

王敖辞别了“小狗子”，回去禀报秦王政，说：“五万金子还富余四万。我拿一万金子结交了一个郭开，拿一个郭开就能够了结赵国！”秦王政就又催着桓齮进兵，赵悼襄王急得病死了。赵悼襄王原来有个嫡长子叫公子嘉。后来因为赵王爱上了邯郸城里的一个妓女，跟她生个儿子叫公子迁，他就废了公子嘉，立公子迁为太子，叫郭开做太子迁的师傅。如今赵悼襄王一死，郭开就奉太子迁即位，封给废太子嘉三百户，他自己当了相国。君臣俩非常投缘，常在一块儿饮酒作乐，反倒不把眼前的困难放在心上。公元前 234 年（秦王政十三年，赵王迁二年），桓齮把平阳打下来，赵国的大将扈辄和十几万人全都给杀了。桓齮乘胜一直打到邯郸来了。

第五十章 北方名将

赵王迁再也不能安心地玩了，急忙派人上代郡（在今山西省东北部和河北省蔚县附近的地方）去把大将李牧调回来。李牧留下十几万人把守北边，把其余的精兵都带到邯郸来。他先去拜见赵王迁，对他说："秦国一连打了几回胜仗，声势浩大，一时不容易打退他们。这回打仗更不能按一定的死规矩。要是大王能够允许我看事行事，我才敢遵命。"赵王迁见他说话的时候，从眼睛里头发出一道光芒，好像照透了赵王的心思似的。他就在这光芒底下连连点头，全都答应了他。赵王问他："你带来的兵马够吗？"李牧回答说："冲锋陷阵是不够的，守城还行。"赵王迁说："这儿还有十万兵马，我叫赵葱、颜聚每人带领五万，听将军指挥吧。”

李牧出来，当时就安排阵地，守住肥累（在今山西省昔阳县东）。宰牛、宰羊，慰劳将士，叫他们比武射箭，就是不许他们出去打仗。将士们自告奋勇地请求去杀敌人，李牧老拿好话安慰他们，始终不许他们出去。

桓齮见李牧死守着阵地，不出来打，反倒着起急来了。他说："早先廉颇抵抗王龁就用这个法子。这么看来，李牧成了第二个廉颇了。”他就分出一半兵马，去攻打甘泉市（在今邯郸东北百五十里的地方）。

赵葱得了这个消息，跑来请李牧去救。李牧挺沉着地说："他们去攻打甘泉市，咱们就去救，正上了他们的套儿。可是他们既然分了一半兵马出去，这儿就减少了兵力。咱们不如去打他们的大营。”

他就把赵国的军队分成三路，半夜三更突然冲了过去。秦国兵营里的将士们空等了好些日子，万没想到赵国的兵马突然会来这一手。大伙儿慌得手忙脚乱，大败而逃。死了十几个将士，损伤了好几万士兵。败兵跑到甘泉市向桓齮报告。桓齮心里一急，赶紧带着大军离开了甘泉市，跑了回来，不料正闯到李牧安排好了的埋伏里。桓齮抵挡不住，死伤了不少人马，好容易才冲出了阵地，跑回咸阳去了。

赵国打了胜仗，赵王迁把李牧当作赵国的白起，也封他为武安君。秦王政气得鼻子眼冒烟，革去桓齮的官职，罚他去做平民。接着又吩咐大将王翦和杨端和带着大军，分头再去攻打赵国。又

叫内史腾发兵十万上韩国去办理交割的事儿。韩王安只好把全国的地图和户口册子献了出来，自己当了秦国的臣下。秦王把韩国改为颍川郡（公元前230年，秦王政十七年）。韩国第一个亡了。

王翦到了灰泉山，不能再往前进。一眼望去，全是武安君李牧的营寨，接连不断的，足有好几十里地的连营，好像铜墙铁壁，秦国人想钻也别打算钻进去。小规模的交手是有的，可是都占不了便宜。王翦只好派人去报告。秦王政叫尉缭的门生王敖上王翦的营里去想办法。

王敖见了王翦，对他说："李牧是北方名将。他一向守着北方，打败过东胡，收服了林胡，歼灭过匈奴十几万人，轰走了单（chán）于（匈奴王），吓得匈奴这十几年来不敢挨近赵国的边界走。咱们凭这点兵力，说真的，只能在中原跑跑。要想打败匈奴，还谈不到。将军您哪，请您别在意，也未见得比单于强。怎么敌得过李牧呢？我想将军不如先跟他通通信，叫两国的使者能够彼此来往，商议商议讲和的事。这么着，我就有办法了。"王翦听了他的话，就派使者上赵国的兵营里去提议讲和。李牧也派人去接头。王翦拢住了李牧，就这么有时候谈谈，有时候打打，把战争拖下去了。

王敖又去见赵国的相国小狗子郭开，对他说："听说李牧跟王翦私自讲和。他跟王翦说停当了：赵国灭了之后，请秦王封李牧为代王。我说这就不对了。秦王要封代王，也应当封您哪！哪有李牧的份儿呢？您得赶紧劝赵王另外派人去替换李牧。咱们有这份交情，我才先来告诉您 。"郭开谢了王敖的好意，赶紧在赵王迁跟前透露了这个情报。君王的疑心病是没法治的。他把赵葱升为大将，叫他去接替李牧。李牧叹息着说：“唉，我一向替乐毅、廉颇伤心，想不到今天也轮到我身上来了。”他连夜换了便衣，打算逃到魏国去。郭开和赵葱还不能放过他，就派武士四处搜查。李牧闷闷不乐，躲在一个客店里借酒浇愁，喝得跟死人一样。他这一醉，从此再也醒不了啦。一颗宝贵的头颅就给赵葱手下的暴徒割去了。赵王迁只叫赵葱去替换李牧，可没叫他去害死他。如今郭开和赵葱把他弄死了，不用说在赵王跟前没法交代，再说赵葱也压不住李牧军队里的士兵。他们可有办法：赵葱假装发了虎威，他下命令搜查暗杀李牧的凶手，还嚷嚷着要重重地惩办。凶手闻风而逃，早跑到大营里向赵葱领赏去了。闹到末了，说是没拿住凶手，也就算了。

赵葱当了大将，颜聚当了副将。他们哪管得住李牧带来的队伍呢？代郡的士兵知道了李牧的屈死和搜查凶手的把戏，当夜就爬山越岭地跑了一大半。赵葱没法管，只好征集自己的兵马，重新整编队伍。队伍还没排定，王翦和杨端和的大队人马两路夹攻，冲过来，当时就把赵葱杀了。颜聚有点能耐，带着自己的兵马，赶紧退到邯郸，准备死守。

秦王政亲自带着三万精兵帮助王翦来攻打邯郸。邯郸人好像给黄鼠狼吓乱了的鸡，连蹦带跳，满处叫唤，谁也没敢指望还能活命。赵王迁不敢言语，就会流眼泪。小狗子郭开外表上装出慌张的样子，心里头非常得意。眼瞧着就要得到秦王的称赞了，他要做多大的官就做多大的官，要发多大的财就发多大的财。这一下子差点笑出声儿来。他劝赵王迁投降。赵王迁亲自上秦王的兵营里去。赵王迁的哥哥公子嘉和颜聚带了随从的几千人杀出北门，逃到代城，准备恢复赵国。秦王政带领着军队进了邯郸，改赵国为秦国的巨鹿郡，拜郭开为上卿，把赵王迁送到别的地方去住。到了这时候，赵王迁才知道郭开是个叛徒。他叹息着说：“要是李牧还在，我也不会当俘虏了。”他自叹自怨地得了病，没有几天工夫就死了。

赵王死了，郭开当了秦国的上卿。赵国的人哪个能像他那么阔气呀！他把积攒在家里的金子装了好几十车，准备全带到咸阳去。这一辈子可够花的了。郭开挺得意，一路上称赞着自己有见识。在这种兵荒马乱的年月，管他国家不国家呢！真的，要是良心不黑，脸皮不厚，不是早已做了秦国的俘虏了吗？哪还能带着几十车的金子上秦国去当上卿呢？正在他摇头晃脑，浑身舒服自在的时候，迎头碰见了李牧的一班门客。金子全给抢了去倒也罢了，连小狗子的狗头也给他们砍了去了。

颜聚带着一队兵马和公子嘉到了代城，知道赵王迁已经死了，他们就公推公子嘉为代王，也就是赵王，祭奠了李牧，表扬了他的功劳。代城人都归附代王嘉。代王嘉一心要恢复赵国，他派人上燕国去联络，共同抵抗秦国。

第五十一章 借头

那位留在秦国做抵押的燕太子丹，在赵公子嘉做代王的前五年已经逃回来了。太子丹知道秦王决心要兼并列国，屡次侵犯燕国，夺去燕国的土地，哪还能放他回去。他就换了一身破衣裳，脸上抹了好些泥，打扮成一个穷人的样子，给人家去当使唤人，一步步地离开了咸阳，公元前232年（秦王政十五年）混出了函谷关，跑回燕国。他恨透了秦王，一心要替燕国报仇。可是他不从发展生产、操练兵马着手，也不想联络诸侯共同抗秦。他认为这些都办不到，只是把燕国的命运寄托在刺客身上。他的能力也就可想而知了。他把所有的家当全拿出来收买能刺秦王的人。

那时候，有个杀人的罪犯叫秦舞阳，太子丹

挺佩服他的胆量，把他救出来，收在自己的门下。这样一来，燕太子丹优待勇士的名声可就传遍了燕国，连藏在燕国深山里的樊於期也知道了。他就是当初煽动长安君造反的那个将军。他大胆地出来投奔太子丹。果然太子丹把他收下，还当作上宾看待，在易水（发源在今河北省易县）的东边给他盖了一所房子，叫樊公馆。

太子丹的太傅鞠武劝告他，说："秦国正在并吞诸侯，您怎么反倒收留秦王的仇人？我瞧不如请樊将军躲到匈奴去，咱们再去联络齐国和楚国。这么着，也许还能够抵抗得了秦国。您如今不先去结交诸侯，反倒把秦王的仇人敬奉起来，这不是催着秦国快点打过来吗？"太子丹说："先生的计策固然不错，可是要把诸侯联合起来不知道要等到哪年哪月。我的心好像油煎着，哪儿等得了呢？再说樊将军到了末路才来投奔，我怎么能够把他送到蛮荒野地里去呢？他住在这儿，我们不传扬出去就是了。"鞠武说："燕国这么软弱，秦国那么强盛，咱们哪能跟人家对敌呢？一根鸡毛扔在火里，还不是一燎就完了吗？拿着鸡蛋砸石头，还有不碎的道理吗？我简直想不出主意来。"太子丹说："还是请先生再想个办法吧。"鞠武闭着眼睛，摇晃着脑袋，待了一会儿，他说："有位田光老大爷又精明，又有胆量，太子要向秦国报仇，他也许有办法。"太子丹就请鞠武去请田光，自己在宫里等着。不大会儿工夫，就见鞠武把田光请来了。太子丹赶紧过去亲自搀着田光下了车，把他迎进里屋，跪在地下亲自给他掸席子，请他坐下。田光哈着腰，摇摇摆摆地走过来坐下。太子丹跪在田光跟前，说："如今燕国跟秦国是不能并存的了。久仰老先生智勇双全，不知道您能不能用点心计，想个办法救救燕国？”田光说：“人老珠黄不值钱。老了的千里马还不如一条狗呢！鞠太傅他只知道年轻时候的田光，可没想到我如今已经老了。”太子丹说：“先生的朋友里头总有像先生年轻时候的人吧。”田光说：“太难了，太难了！人倒是有一个，可不知道他愿意不愿意出力。”太子丹赶紧就问：“谁呀？要是有这么一个人，我非请他帮助不可。”田光说：“这人叫荆轲，是一位剑客。论起他的气概、智谋来，都比我高好几倍呢！”太子丹就苦苦地恳求田光去把荆轲请来。田光答应了。

太子丹叫人把自己的车马套上，亲自搀着田光上车。他还咬着耳朵对田光说：“我跟先生所商量的是国家大事，请先生千万别泄露消息！”田光笑着说：“这还用说吗？”

田光见了荆轲，对他说：“太子丹跪在我面前，真心实意地跟我商量国家大事。我已经老了，哪还有力量呢？我向来知道你的才干，就在太子跟前把你推荐给他。请你替我去挑这个担子。他叫我来接你，你去见见他吧。”荆轲说：“先生的吩咐我还敢不听吗？”田光还怕他出于勉强，就拔出宝剑来，对他说：“太子把国家大事告诉了我，嘱咐我别给泄露了，可见他还不大放心。我既然要帮助他成功，怎么反叫他起疑呢？请你赶紧去见太子，就说我绝不能泄露机密。”说着他就自杀了。

正在荆轲伤心的时候，太子丹又派人来催请。荆轲就坐着田光赶来的车去见他。

太子丹也像招待田光一样地招待荆轲，问他：“田先生怎么没一块儿来？”荆轲说：“为了太子嘱咐他保守机密，他已经自杀了！”太子丹捶着胸脯，低声地哭着说：“田先生为我而死，我怎么对得起他呢？”哭了半天，才抹着眼泪跟荆轲说：“田先生瞧得起我，才叫我能够见着先生，请先生指教！”荆轲说：“太子打算怎么样去抵抗秦国呢？”太子丹说：“赵公子嘉做了代王，他想跟燕国联合起来，一块儿去对付秦国。就算把燕国士兵和代郡的士兵都会合在一起，也抵不上秦国的一队人马。要拿兵力去对付秦国，那简直就像拿鸡蛋去砸石头。去联合各国的诸侯吧，韩国和赵国已经完了；魏国和齐国向来是归顺秦国的；楚国离着又远，没法派人来。合纵抗秦是办不到的了。我想：要是能够得着一位天下的勇士，打扮成一个使臣去见秦王。那时候，他站在秦王面前，逼他退还诸侯的土地，就像当初曹沫对付齐桓公那样。秦王要是答应了，再好没有；要是不答应，就把他刺死，这是没有办法的办法。先生看行不行？”荆轲说：“这是国家大事，还得斟酌斟酌！”太子丹再三请他帮忙，荆轲就答应了。可是他还不能马上动身。

太子丹在樊公馆的右边又盖了一所房子，叫荆公馆。自己挺小心地伺候着荆轲，还老怕招待不周到。有一天，太子丹慌里慌张地来见荆轲，对他说：“秦王派王翦来打北方，已经到了燕国南部的边界上。代王嘉派使者来约咱们发兵，一块儿去守上谷。先生快想个办法吧！再耗下去，我怕先生有力也没处用了。”荆轲说：“我早就仔细想过了。要挨近秦王的身边，必得先叫他相信咱们是跟他去求和的。秦国早想得到燕国最肥沃的土地督亢（今河北省涿州市东南有督亢陂；涿州市、定兴、新城、固安一带都是当初燕国督亢的地界）。我要是能够拿着督亢的地图去献给秦王，他一定喜欢，也许能够叫我当面见他。”太子丹说：“督亢的地图拿去可以。我叫他们找出来吧。”

荆轲背地里到了樊公馆，挺秘密地对樊於期说：“秦王害死了将军的父母宗族，还出了赏格要将军的脑袋，将军不想报仇吗？”樊於期一听这话，当时眼泪就掉下来了。他叹息着说：“我一想起秦王，恨得连骨髓都发疼。我恨不得跟他拼命去，可是哪办得到呢？”荆轲说：“我倒有个主意能够解除燕国的祸患，还能够替将军报仇。可就是说不出口来。”樊於期连忙问他：“什么主意呀？说啊，说啊！”荆轲刚一张嘴就又闭上了。樊於期见他话到嘴边又咽回去，催他说：“只要能够报仇，就是要我的脑袋，我也乐意给的。你还有什么不好出口的呢？”荆轲说：“我打算去行刺，怕的是见不了秦王。我要是能够拿着将军的头颅去献给他，我想他准能见我。那时候，我左手揪住他的袖子，右手拿刀扎他的胸脯，这样一来，将军的仇、燕国的仇、各国诸侯的仇，可就全报了。将军您瞧怎么样？”樊於期咬牙切齿地说：“我天天想着的就是这一件事，你还怕我舍不得这颗头颅吗？好吧，你拿去！祝你马到成功！”说着，他拔出宝剑就自杀了。

第五十二章 刺秦王

荆轲派人去通知太子丹，太子丹急忙跑到樊公馆，趴在樊於期的尸首上呜呜地哭了一阵。他叫人好好地把尸身安葬了，那颗人头装在一个木头匣子里交给荆轲，又送给他一把顶名贵的匕首。匕首用毒药浸过，只要刺出像线那么一丝血，就会立刻死去。然后太子丹问他：“您什么时候动身呢？”荆轲说：“我有个朋友叫盖聂，我是等着他呢。我想叫他做个帮手。”太子丹说：“哪等得了呢？我这儿也有几个勇士，其中秦舞阳最有能耐。要是您看能够用他，就叫他当个帮手吧！”荆轲见他这么心急，盖聂又不知道在什么地方，樊将军的脑袋已经割下来了，不能多搁日子。这么着，荆轲就决定走了。

荆轲跟秦舞阳动身的那天，太子丹和几个心腹偷偷地送他们到了易水。挑了一个僻静的地方摆上酒席。喝酒的时候，太子丹忽然脱去外衣，摘去帽子，别的人也都这么做了。一刹那，他们变成了全身穿孝的了。大家伙儿显得特别悲伤。天是那么凄凉，风又那么冷，太阳看着没有光彩，河里的水愁眉苦脸地皱着波纹，河岸上的荒草来回摆摇着，就好像哭不出声儿也要来把肠子绞断似的。在场的几个人全都哭丧着脸，耷拉着手，耷拉着脑袋，一声不响地压着眼泪，不让它流下来。他们都气恨自己，又瞧不起自己。明明知道燕国快要亡了，可不知道怎么样去抵抗秦国。他们只好暗中祷告着，求老天爷叫荆轲成功。望着流淌的河水，心里还嗔着它不应该这么安闲地流着。荆轲的朋友高渐离拿着筑（古时候的一种用竹尺敲出音乐来的乐器）奏着一曲悲哀的歌儿。他们听见这竹尺敲着筑弦的声音，伤心得连汗毛都竖起来了。荆轲对着天吐了一口气，就按照拍子唱着：

仰天吐气快胸怀，
跑进虎穴除灾害；
北风呼啸易水冷，
壮士一去不归来！

太子丹和其余送行的心腹，一听到“壮士一去不归来”，那关在眼眶子里的眼泪再也忍不住了。太子丹斟了一杯酒，跪着递给荆轲。荆轲接过来，一口喝下去，伸手拉着秦舞阳，蹦上了车，连头也没回，飞也似的去了。

公元前 227 年（秦王政二十年，燕王喜二十八年，赵代王嘉元年），荆轲到了咸阳，通报上去。秦王一听到燕国的使臣把樊於期的脑袋和督亢的地图都送来了，就叫荆轲去见他。荆轲捧着樊於期的脑袋，秦舞阳捧着督亢的地图，一步步地上了秦国朝堂的台阶。

秦舞阳一见秦国朝堂那么威严，不由得害怕起来了。秦王的左右一见，喝了一声，说："使者干吗脸变了颜色？"荆轲回头一瞧，就见秦舞阳的脸又青又白，跟死人差不多。他只得磕了一个头，对秦王说："他是北方的粗鲁人，从来没见过大王的威严，免不了有点害怕。请大王原谅！"秦王防着他们不怀好意，就对荆轲说："叫他退下去！你一个人上来。"荆轲心里直怪秦舞阳真是"帮腔的上不了台"，只好独自捧着木头匣子献给秦王。秦王打开一瞧，果然是樊於期的脑袋。他就叫荆轲拿过地图来。荆轲回到台阶下面从秦舞阳的手里接过了地图，回身又上去了。他把那一卷地图慢慢打开，一个地方一个地方地指给秦王瞧。打到末了，卷在地图里的匕首可就露出来了。秦王一见，立刻蹦起来，荆轲连忙抓起匕首，扔了地图，左手揪住秦王的袖子，右手扎了过去。秦王使劲地向后一转身，那只袖子就断了。他一下子蹦过了旁边的屏风，刚要往外逃，荆轲拿着匕首追了上来。秦王一见跑是跑不了，躲也没处躲，就绕着朝堂上的大铜柱子跑，荆轲紧紧地逼着。两个人好像走马灯似的直转悠。台阶上面站着的几个文官全都手无寸铁；台阶下面的武士，照秦国的规矩没有命令不准上去，再说他们还得在下头对付秦舞阳。荆轲逼得那么紧，秦王只能绕着柱子跑。他身边虽然带着宝剑，可是连拔出来的那一点工夫都没有。

有一两个文官拉拉扯扯地想去拦挡荆轲，全给他踢开了。其中有个伺候秦王的医生，他拿起药罐子对准荆轲打过去，荆轲拿手一扬，那药罐子碰得粉碎。秦王就趁着这一眨眼的工夫，拼命拔那把宝剑。可是心又急，宝剑又长，怎么也拔不出来。有个手下人嚷着说："大王快把宝剑拉到后脊梁上，就能拔出来了！"秦王就按照他的话，真把宝剑拔出来了。他手里有了宝剑，胆子可就壮起来了。他往前一步，只一剑就砍去了荆轲的一条腿。荆轲站立不住，一下子倒在铜柱子旁边，拿起匕首直向秦王扔了过去。秦王往右边一闪，那把匕首从耳朵旁边擦过去，打在铜柱子上，"嘣"的一声，直冒火星儿。秦王跟着又向荆轲砍了一剑，荆轲用手去挡，砍掉了三个手指头。他苦笑着说："你的运气真不坏！我本来想先逼你退还诸侯的土地，因此，没早下手。可是你专仗武力并吞天下，你也长不了！"秦王一连气又砍了荆轲几剑，结果了他的性命。那个站在台阶底下的秦舞阳早就给武士们剁烂了。

第五十三章 兼并列国

秦王政差点死在荆轲手里，他恨透了燕国，当时就派大将王贲再带一队兵马去帮助他父亲王翦，加紧攻打。他们爷儿俩合在一块儿攻打燕国，燕太子丹亲自带领着燕国的军队出去交战，被他们打得稀里哗啦。燕王喜和太子丹带着一部分兵马和老百姓退到辽东。秦王非要把燕太子丹拿住不可。燕王喜被逼得无路可走，杀了太子丹，向秦王谢罪求和。

秦王就问尉缭这事应当怎么办。尉缭说："北方挺冷，将士们受不了这苦，不如暂且退兵。燕国已经搬到辽东去了，赵国只剩了一个代城，他们还能干得了什么呢？如今还是先去收服魏国和楚国。把这两国收服了，辽东和代城自然也就完了。”秦王就把北方的军队撤了，又派王贲为大将，带领十万大军去打魏国。

魏王假（魏景湣王的儿子，魏安僖王的孙子）派人去跟齐王建（齐襄王的儿子）联络，对他说：“敝国和贵国是相依为命的。要是敝国亡了，贵国也保不住。”可是齐国的大权掌握在相国后胜手里。齐国的相国后胜正跟赵国的相国郭开一样，他早已收到了秦国的好处。尉缭说的那收买各国大臣用的二三十万金子，一部分已经装到后胜的腰包里了。大馒头已堵住嘴，他不能跟秦国抓破脸。后胜说：“秦国向来没亏待过咱们，咱们哪能平白无故地去得罪秦国呢？”齐王建认为别人家打仗，他还是不去过问好。他不帮魏国，也不帮秦国，省得得罪了这一边或者那一边。他就听了后胜的话，没答应魏国的请求，让魏国独个儿去对付秦国。

公元前225年，王贲把大梁围上，正是阴雨连天的季节，附近的大河眼瞧着就要发大水了，王贲叫士兵们赶紧叠坝，打算把河水引到大梁去淹城。刚叠好了新坝，连着又下了十几天大雨。秦国的士兵开了个口子，大水就照直冲过去。不到三天工夫把城墙冲坍，秦国士兵随着大水拥进了大梁城。王贲把魏王假和魏国的大臣全拿住，把他们装上囚车，派人押到咸阳去。秦国就在那儿设置了砀郡。魏国亡了。

秦王灭了魏国，打算去攻打楚国。他问大将李信要用多少人马。李信说：“也就是二十万吧。”秦王点点头。他又问老将军王翦。王翦回答说：“二十万人去打楚国不行！照我的估计，非六十万不可。”秦王一想：“年纪大的人到底胆儿小。”他就拜李信为大将，蒙武为副将，带着二十万兵马往南方去。王翦因为有病，告老还乡了。

李信和蒙武分兵两路进攻，一路去攻打平舆（在今河南省汝南县东南），一路去攻打寝丘（在今河南省沈丘县东南），约定在城父（在今河南省襄城县）会师。李信年轻英勇，一鼓作气地就把平舆攻下。接着往下攻，一直到了西陵（在今湖北省黄冈市西北），碰见了楚国的大将项燕。李信马上就跟项燕打起来。项燕带了二十万人马，早已分成七处埋伏着。两下里一交手，七处的伏兵一齐起来，李信一下子就败下去了。逃了三天三夜，还没逃出项燕的包围圈。秦国的将军死了七个，士兵死伤无数，一直给楚国兵马追到平舆。蒙武还没到城父，就听说李信打了败仗，一面连忙退到赵国，一面派人去向秦王报告。

秦王大怒，把李信革了职，亲自跑到王翦养老的地方去见他，请他勉为其难，再辛苦一趟。王翦推辞说："我已经老了，还是请大王另派别人吧。"秦王直向他赔不是，说："上回是我错了，这回非请将军出马不可。将军千万别再推辞了！"王翦说："那么，还是非要六十万人不可！"秦王说："历来打仗没有超过十万人的。如今虽说人马增加了，也不至于要用六十万人吧。"王翦说："年月不同了。如今围攻一座城，也许要费几年工夫，夺过来的地方又得派人驻扎。几十万人哪够分配呢？再说楚是东南大国，地大人多，楚王号令一出，要发动一百万人马也不太难。我说六十万，还怕不太够呢！再要少，那就不行了。"秦王赞叹着说："将军真是位经验多、见识广的行家，要不然，哪能看得这么透呢！

就照将军说的办吧！”

秦王用自己的车马，亲自把王翦迎接到朝廷里来。当时就拜他为大将，交给他六十万大军，仍旧派蒙武为副将。出兵的那天，秦王亲自送王翦到了灞上（在今陕西省西安市长安区东），在那儿摆上酒席，给他送行。王翦斟了一杯酒，捧给秦王，说：“请大王干了这杯，我要请求点事。”秦王接过来，一口喝完，说：“将军有什么话尽管说吧！”王翦从袖口里掏出一张单子来，上头写着咸阳最好的田地几亩，上等的房子几所，请秦王赏给他。秦王看了，说：“将军成功回来，跟我同享富贵。难道还怕受穷吗？”王翦说：“我已经老了。大王就是给我多大的俸禄，我也享受不了。不如趁着我还瞧得见的时候，赏给我一点田地、房产，叫我的后辈们能够活着，我就感恩不尽了。”秦王大笑起来，心里想：“这位老将军真有点太小家子气了。”他完全答应了下来。

王翦带着六十万大军去攻打楚国，路上就派一个手下人回去，向秦王请求给他修一个花园。过了几天，又派人去恳求秦王，还想要个水池子，里头好养些鱼、虾、鸭子、鹅什么的。副将蒙武笑着说：“老将军请求了房屋、田地也就是了，为什么还要花园、水池子？打完仗回来，将军还怕不能封侯吗？干吗要像老妈子讨喜封似的没完没了？这算怎么回事呢？”王翦咬着耳朵对他说：“哪个君王不猜疑，你能保证咱们大王不这样吗？他这回交给了咱们六十万大军，简直把秦国全部兵力托给咱们了。我左一次右一次地请求房屋、田地、花园、水池子，为的是叫他知道我惦记着的不过是这点儿小事，好让他安下心去。”蒙武这才明白过来，点点头说："老将军的高见真叫我佩服得没法说。"

王翦的大军到了天中山（在今河南省汝阳县），在那儿驻扎下来。这一带好几十里地全是连营。楚国的大将项燕，带了二十万兵马，副将景骐也带了二十万兵马，两路一共四十万兵马，不光来抵挡，还直跟王翦挑战。王翦反倒叫将士们建筑堡垒，不跟楚国人交手。这么待了好几个月工夫，将士们成天地酒足饭饱，闲待着没有事，大伙儿都有点腻烦起来了。王翦想出一个玩儿的法子来。他教给他们跳远、跳高、扔石头。这么一来，士兵们全都玩起来，操练着身体，挺安心地守着阵地。王翦把一部分人马专门用在运输粮草这件大事上，对于楚国军队的挑战，压根儿不去搭理他。

这样过了一年多，项燕没法跟秦国交手。他想："王翦原来是上这儿来驻防的。"他就不怎么把秦国的军队搁在心上了。没想到在楚国人没有防备的时候，秦国的军队排山倒海似的冲了过去。楚国的士兵好像在梦里给人家当头打了一棍子，全都晕头涨脑，手忙脚乱地抵抗了一阵，各自逃命。项燕和景骐带着败兵一路逃跑。兵马越打越少，地方越丢越多。项燕只好上淮上去招兵。王翦打下了淮南、淮北，一直到了寿春。楚国的副将景骐急得自杀。剩下楚王负刍（楚幽王悼的兄弟，楚考烈王的儿子）当了秦国的俘虏。

项燕招募了两万五千壮丁，到了徐城（在今安徽省泗县北），碰见了楚王的兄弟昌平君刚从寿春逃到这儿，报告楚王被掳的消息。项燕说："吴、越有长江可以防御敌人，地方一千多里，还能够立国。"他就率领着大伙儿渡过长江，立昌平君为楚王，准备死守江南。

王翦知道昌平君和项燕退守江南，就叫蒙武造船。第二年（公元前223年，秦王政二十四年），王翦准备了不少战船，训练了一队水兵，渡过长江，攻打吴、越。到了这时候，楚国已经不能再挣扎了。昌平君在混战的时候给乱箭射死，大将项燕眼瞧着一败涂地，叹了口气，自杀了。秦王就把楚国的本土和属地改为秦国的三个郡，就是南郡、九江郡和会稽郡。楚国亡了。这样一来，秦国想要兼并的六国只剩下三个了。

王翦灭了楚国，得胜回朝，就向秦王要求告老。秦王赏给他一千斤金子，送他回老家去休养。接着就拜他儿子王贲为大将，再去收拾代王嘉。公元前222年，王贲打下辽东，逮住了燕王喜，把他送到咸阳去。燕国亡了。接着他就进攻代城。代王嘉兵败自杀，云中、雁门也全归并到秦国。赵国亡了。

六国诸侯只想保持自己的领主政权，对老百姓加重剥削和压迫，彼此之间不但不能协作，而且还经常互相攻打，想拿别人的地盘来补偿自己的损失，企图小范围地保持着割据的局面。另一方面，秦国占了绝对优势，不但在经济和军事上占了优势，而且也代表了新兴的地主阶级的利益，符合地主、富商和一般人民要求统一的愿望，这才有可能在不到十年工夫，一个一个地把韩、魏、楚、燕、赵灭了。如今光剩下一个齐国了。

第五十四章 统一中原

公元前221年，好几十万的秦国军队好像泰山一样地压下来。多年没打过仗的那一点齐国的兵马哪儿抵挡得住呢？这时候，齐王建才想起来向各国去求救，可是各国早已完了。王贲的大军一路进来，简直一点拦挡也没有，没几天工夫就到了临淄。齐国人不拿兵器，连城门都没关，等候着秦国来接收就是了。

齐国一亡，范雎和尉缭的“远交近攻”的计策完全成功了。打这儿起，六国全归并到秦国，天下统一。东周列国，经过了五百年的变迁，才合成了一个大国。秦王兼并六国，统一中原，跟着就改变国家的制度。头一样，他知道“名不正，则言不顺”，当初六国诸侯都称为“王”，如今

“王”没有了，那么自己又叫什么呢？他总得比“王”的名号更大、更高吧。还有，君王的称号要等到他死了以后让大臣们共同来起，这不是叫臣下来议论君王吗？秦王把这种办法废了。他用了“皇帝”这个名称。自己是中国头一个皇帝，就叫“始皇帝”。以后就用数字计算：第二个皇帝就叫“二世”，第三个叫“三世”……这么下去一直到万世，没完没了。他又叫玉器匠刻了一个大印，算是皇帝的玉玺。那玉玺刻好之后，大臣们全都给秦始皇庆贺，恭听他的新命令。

秦始皇瞧了瞧那些大臣，真是什么样儿的人才都有，朝堂上黑压压地都挤满了。可是那个出计策收买各国大臣的尉缭在哪儿呢？他的门生王敖又在哪儿呢？这回兼并六国，统一中原，拿打仗来说，功劳最大的当然要数王翦、王贲爷儿俩啦。可是拿对付各国的计策来说，尉缭和王敖师徒俩的功劳也不在他们两位大将之下。秦始皇就问大臣们这两个人到哪儿去了。大臣们都在疑惑：皇帝得了天下，怎么还不把土地封给他们呢？丞相王绾（wǎn）就借题发挥了。他说：“尉缭、王敖帮助皇帝平定四海。他们的功劳好比周朝的太公、周公，当然指望皇帝封他们做诸侯。如今皇帝没分封有功的大臣，他们就挺没指望地走了。”秦始皇一听这话，眼珠子一转，又问大臣们：“周朝分封诸侯的制度还能用吗？”他们都说：“这是古时候的制度，怎么会不能用呢？再说齐国在东边，楚国在南边，燕国在北边，这么又远又大的地界，要是不封王、封侯，怎么管得住呢？”秦始皇闭着嘴，屏住气，眼珠子在朝堂上一扫，眼光就停在李斯身上。

李斯早就和秦始皇计划妥当了，跟背书似的说："周武王把天下分成好几百个小国，封给自己的子弟和功臣们。到后来，这些小国你打我、我打你，简直没有一天安静的日子。好容易几百个小国并成了几十个，再由几十个并成了十几个，最后，就剩了七国。可是七国还是不安定。老是彼此不和，互相攻打。如今皇帝兼并六国，统一中原，哪能把一统的天下再分开来，重新退回到周朝那种混乱的老路上去呢？有大功的臣下，当然要有重赏，比方说增加他们的俸禄，可不能割据国家的土地。咱们已经把列国改为郡县，那么，就应当用郡县制度来统治天下。"大家伙儿听了，心里全不赞成，可又说不出反对的理由来。

秦始皇就采用了李斯建议的郡县制度，把天下分为三十六郡，郡下面再分县。每个郡由朝廷直接任命三个最重要的官长，就是郡守、郡尉和郡监，管理全郡。郡守是一郡中最主要的官长。郡尉是个武官，在郡守的下头，管理治安，全郡的军队也由他统领。郡监执掌监察的事情。三十六郡全是这么统治的。全国行政机构都一律了，办起事情来当然提高了效率，可是好几千年来没统一过的国家，当初是各自为政的，倒不觉得怎么不方便。如今天下统一了，过去种种的毛病就显出来了。要是这些毛病不去掉，三十六郡的事情就很难统一进行。秦始皇还得下个决心来个大改革。

第五十五章 划一制度

在秦始皇统一中原以前，列国诸侯向来就没有一个划一的制度。不说别的，就拿交通来说吧。各国都有车马，主要的地方都有通车马的道儿，可是道儿有宽有狭，车辆有大有小。各地方的车只能够在自己的地方走着方便。当时秦国的兵车要在三十六郡的道儿上都能很快地走，可就办不到了。要是秦国的兵车不能立刻开到每个郡县，这么些城怎么管得住呢？秦始皇就规定车轴上两个车轮子的距离，一律改为六尺。车的大小规定好了，道儿自然就得修一修。这就是说，三十六郡都应当有一定宽窄的“驰道”（就是“马路”或者“公路”的意思）。这样，一面改造车辆，一面赶修“驰道”。天下三十六郡都修起驰道来，从咸阳出发，北边通到燕国，东边通到齐国，南边通到吴国、楚国，甚至湖边、海岸上都修了驰道。驰道宽五十步（秦以六尺为一步），每隔三丈还种上青松。好在天下已经统一，各地方不再打仗，所有的兵器都搬到咸阳来，铸成了十二座挺大的铜像（古文叫金人）跟好些个大钟。各地方不打仗了，原来的士兵一部分变成了修路的人。改良交通这件事，很快就办到了。

交通一方便，商业跟着就发达起来了。商业一发达，麻烦的事儿又多了。除了秦国以外，各地方的尺寸、升斗、斤两全不一样，怎么做买卖呢？比方说：东郡的一丈绢到了南郡一量，才合八尺；三川郡的一斗大麦，用巨鹿郡的一斗一量，倒多了一升；南阳郡的十斤腌肉，到了九江郡，才够八斤四两。各地方的买卖人必须来回地折合计算，要不然，就得带着好几十种不同的尺、斗、秤，才能做买卖，这哪成呢？弄得老百姓天天为了争分量，打官司告状的，哪还像个统一的清平世界？那时候，中国早已出现了不少工商业者聚会在一起的大城市，像咸阳、洛阳、临淄、定陶、邯郸、大梁、寿春等等。在这些大城市里差不多什么东西都能买到，比如说：北方的马、牛、羊、大狗；南方的羽毛、象牙、犀牛皮、油漆颜料；东方的海鱼、食盐；西方的皮革、毛织品等。又因为手工业的发达，农民自己不打铁，不烧窑，可以买到铁器和陶器；工商业者自己不种地，不养蚕，随时可以买到粮食和布帛，甚至绣花的丝织品。全中国工商业的发展，为了通商的方便，也要求有个统一的制度。秦始皇就规定全国一律的度、量、衡，禁止使用旧的杂乱的度、量、衡。这么一来，全国的老百姓可就方便得多了。

交通和商业的发达促进了度、量、衡的统一。可是还有一件多少年来很难办的事情，也必须有个妥当的改革办法，才能叫三十六郡的官长、百姓，彼此都能交往和了解。那就是中国的语言和文字。中国从夏、商、周三代以来，已经不是一个单纯的民族了。比方说，夏朝人还把东部的人当作夷族，就是所说的“东夷之人”；商朝人把周人当作“西夷之人”。这些“东夷之人”和“西夷之人”全都变成了中国人，中国的民族已经够杂的了；还有南方的群蛮、百濮，北方的匈奴，辽东的东胡和西方的西戎等等好些个部族。这么些人合成了一个国家，当然各有各的语言。文化比较高的，还各有各的文字。有几个邻近的诸侯国，像“三晋”或者像邹、鲁，语言都是大同小异的。可是楚国和燕国的人民不会说一样的话。那么，当初各国使臣访问时，比方说，屈原到了齐国，晏子到了楚国，还都带着翻译吗？那又不然。那时候，各地方虽说都有“方言”，可是已经有了一种比较普通的互相可以听得懂的语言，叫作“雅言”，就好像书面官话那样。这种雅言老百姓不怎么听得懂，可是各国的大夫和念过书的人都能够南腔北调地说几句。秦始皇就把这种雅言作为正式的语言，好像我们现在所说的普通话。

可是口头的雅言写在书面上应当用哪一种文字呢？别说那时候中国有好几种不同的文字，就是一样的文字拿不同的文具写也会变了样。那时候，有拿刀子刻在竹片上的，有拿生漆写在羊皮上或是绢上的。拿刀子刻的字，当然就是直线，因为曲线是不容易刻的。拿生漆写的字老是头大尾巴细，因为蘸了生漆，一下笔，就是一个大点子，以后生漆一少，笔画就细了，写出来的字，正跟蛤蟆骨朵儿一样，所以叫蝌蚪文。可是拿生漆写到底比拿刀子刻快得多，再说羊皮和绢也比竹片轻便得多。秦始皇就决计将比较方便书写的文字，规定为正式的统一的文字，其余各地写法不同的文字，也跟那些杂乱的度、量、衡一样，一律废除。

秦始皇费了挺大的力量，规定了“书同文”，可是当时各地方的儒生都起来反对。他们学会了的文字是他们已经得到的宝贝，谁也不愿意把自己的宝贝扔了，重新来学另一种东西。废除旧文字比废除旧车轮和旧升斗要麻烦得多。邹、鲁一带尊重孔子、孟子的那些个念书的人，对秦始皇废除古代圣贤所规定的分封诸侯的制度，早就不满意了。如今连他们用惯了的文字也要改，就格外反对。他们背地里约好了一些人，共同来干一下子，推举齐国人淳于越当个头儿，去跟秦始皇反抗。可是“手无缚鸡之力”的书生，怎么能反抗得了这么威武的皇帝呢？他们总得借个名目，去拉拢那些带兵的将军，才有力量。他们一想，要是他们请求皇帝恢复古代的分封诸侯的制度，那么那些有过功劳的大将都能封为诸侯，他们自然会赞成念书的人了。只要古代的分封诸侯制度一恢复，那么别的制度也都能改回来，旧式的文字就能够抬头了。

第五十六章 焚书坑儒

公元前213年（秦始皇三十四年），秦始皇因为去年添了桂林郡、象郡、南海郡，今年大将蒙恬又把匈奴打败了，添了一个朔方郡，两年来增加了四个郡，扩充了国土，就在咸阳宫里开了一个庆祝会。大臣们全给他敬酒，祝他健康。其中有个大臣叫周青臣，还预备了一篇庆祝的话，大意是："从前秦国只有一千里的地界，如今凭着皇帝英明的作为，平定海内，统一天下；把列国诸侯都废了，改为郡县，边界上的蛮夷也全轰走了；统一规定了国家的法度，车和轨道有了一定的尺寸，文字有了一定的标准。天下人民都能够安居乐业，再也不会受到打仗的苦处。自古以来，有哪个君王干过这么伟大的事业？"秦始皇听了，挺得意。那位儒生的头儿齐国人淳于越心里一想："再要不反驳，可就没有机会了。"他站起来，说："周王把土地分封给子弟和功臣，叫他们共同辅助朝廷。周朝享受了八百多年的天下。如今皇帝得了天下，可是自己的子弟和功臣们连一块土地也没有。万一有几个郡县出了事情，可怎么办呢？不论干什么，要是不把古人当作老师，是长不了的。刚才青臣的话全是奉承皇帝的，叫皇帝离开正道。这种小瞧古人，当面奉承人的人绝不是忠臣！"秦始皇一见两位大臣争吵起来了，就问别的大臣有什么意见。

李斯站起来，说："五帝的事业各不相同，不是把前一个人的事照样再来一下子；三代的制度也不一样，不是每一代都把前一代的制度再抄一遍。这不是说他们不愿意向古人学习，偏要来一套新奇特别的花样；完全是因为时代变了，制度当然也就不一样了。如今皇帝所创造的伟大事业是从古以来没有过的。一般儒生连听都没听说过，想也想不到。他们懂得什么呢！淳于越所说的是三代时候过去的老账，到了今天还有什么用处呢？从前列国散乱，诸侯胡打一气，那些念书的人就假造圣贤，托古说教。不是说古代怎么怎么好，就是说如今怎么怎么坏。诗书百家议论纷纷。实在说来，一点用处都没有。这批念书的人根本就不会动手出力，不去钻研实在的学问。他们不知道怎么耕地，怎么种菜，怎么栽树，怎么治病，怎么管理百姓，怎么执行刑法——这些个他们都不懂得，也不往深里钻研。他们就知道背熟了几篇古文，凭着一张嘴，批评朝廷，颠倒是非，想起什么说什么。如今天下一统，制度划一了，只要注重法令，劝导农工，叫他们拿出力气来就是了。最要紧的是起来干活儿，不是坐着说废话。朝廷的法令，应当受人尊敬，才有用处。可是这批儒生一看见新法令，就拿出古书来对照一下，瞧瞧古时候有没有这种法令。要是古书里找不着根据，他们就你一言、我一语地议论个没完。有的还胡造谣言，毁谤朝廷。这么下去，国家还像个样儿吗？所有应当改革的事情还能办得下去吗？因此，我请求皇帝下令：除了秦国的历史和那些有用处的书，像医药、占卜、种树、法令这些，其余的诗、书、百家的言论，全给烧了。谁要私藏就治罪：口头传说这种书的就是死罪；拿古代的议论来反对现在法令的也是死罪。我的话完了，请皇帝决定。”

大臣们听完了李斯的这篇大道理，有的不敢反对，有的说不出反对的理由，大伙儿瞧见秦始皇听一句，点一点头，他们也只好随着点点头。秦始皇就批准了李斯的建议，马上下令，烧毁诗、书、百家的书籍。那些儒生一见势力完了，有嘴不能说，有笔不能写，只好在背地里商量办法。

秦始皇虽说是个能人，可是他的事情实在太多了。天下的事情，一个人哪办得了呢？兼并六国以后，他差不多每年都亲自出去到各处巡游。从西北到西南，从北方到南方，从西边到东边，中国主要的高山、大河他差不多都走遍了。他为了要把国家大权都拿在自己的手里，不得不亲自批核各郡县的奏章公文。一干就是半夜，还不能休息。天天这么下去，他就是铁打的也受不了。他不但要吃强身健脑的补药，还想找长生不老的仙方。俗语说：“做了皇帝要做神仙。”这话对秦始皇来说，一点不假。一些做补药买卖的商人和走江湖的方士就都想发笔大财。有的拿了不三不四的土

方子，做了丸药，就说是仙丹；有的向皇帝骗了一笔钱财，说是替他去采办仙药。这么一来，真正有灵验的补药还没办到，秦始皇想当神仙的消息可就传遍了天下了。那批方士骗了钱财，求不到仙药，就怕秦始皇办他们的罪。因为秦朝有条法令：方士试验不灵的，重的定死罪。方士的头子侯生和卢生就在背后跟儒生们说："始皇帝是个专制暴君。在他的手下，博士也好，方士也好，算卦说梦的也好，看星星看气象的也好，反正只能说奉承的话，可不能批评他的过错。他这么贪于权势，我们就没法儿替他求仙药。"儒生和方士本来老混在一起，这会儿由于侯生和卢生背地里反对秦始皇的专制独裁，那批儒生引经据典地又批评起秦始皇来了。

秦始皇一听见那些儒生和方士又议论起来了，就派心腹暗地里去探听他们的动静。他还准备逮捕一些反对他的人，头一个就是侯生，第二个就是卢生。他正打算派人去抓他们，没想到这两个人早就跑了。秦始皇这才知道原来他们还有内线。他就叫御史把那些有反对皇帝嫌疑的儒生和方士拿来审问。哪知道这批人还没受拷打，就直打哆嗦，东拉西扯地供出了一大批人来了。审问下来，秦始皇把那些认为犯禁的四百六十几个人都活埋了，把那些犯禁情形次一等的都轰到边疆上去开荒。秦始皇杀了这一小撮（cuō）儒生和方士，不但从此跟孔、孟一派的儒家结下了怨仇，而且后来的人也多随声附和，把他当作典型的暴君。

大儿子扶苏为人厚道，劝告他父亲别这么对付儒生。他说："这些儒生都是效法孔子的，现在拿这么严重的刑法处理他们，我担心天下不安。"秦始皇认为扶苏不懂这些事，乱党不镇压，怎么能治理天下呢？他叫扶苏到上郡去监督蒙恬的军队。扶苏的想法可跟他父亲不一样。他总觉得焚书坑儒毕竟是个暴行。他怕这么下去，天下怎么能太平得了！扶苏哪儿知道：焚书坑儒对于天下的老百姓关系不算太大，可是如果秦始皇对老百姓加紧压迫，一味暴虐的话，他的统治也就长不了。旧六国贵族还不肯死心，他们随时随地还想恢复原来战国的局面，天下也就不能太平了。